Deficiência intelectual e síndromes infantis

Wilson Candido Braga

Deficiência intelectual e síndromes infantis

Caracterização e orientações

Paulinas

Dados Internacionais de Catalogação na Publicação (CIP)
Angélica Ilacqua CRB-8/7057

Braga, Wilson Candido
  Deficiência intelectual e síndromes infantis : caracterização e orientações / Wilson Candido Braga ; ilustrações de Wyara Candido Nunes. -- 1. ed. -- São Paulo : Paulinas, 2020.
  264 p. (Psicologia, família e escola)

  ISBN 978-85-356-4562-0

  1. Transtornos do neurodesenvolvimento 2. Distúrbios da aprendizagem 3. Deficiência mental 4. Down, Síndrome de 5. Transtornos do espectro autista 5. Síndromes congênitas I. Título II. Nunes, Wyara Candido

20-1036   CDD-616.85

Índice para catálogo sistemático:
1. Deficiências mentais : Transtornos do neurodesenvolvimento   616.85

1ª edição – 2020
3ª reimpressão – 2024

Direção-geral: *Flávia Reginatto*
Editora responsável: *Andréia Schweitzer*
Copidesque: *Ana Cecilia Mari*
Coordenação de revisão: *Marina Mendonça*
Revisão: *Sandra Sinzato*
Gerente de produção: *Felício Calegaro Neto*
Projeto gráfico: *Manuel Rebelato Miramontes*
Diagramação: *Jéssica Diniz Souza*
Ilustrações: *Wyara Candido Nunes*

Nenhuma parte desta obra poderá ser reproduzida ou transmitida por qualquer forma e/ou quaisquer meios (eletrônico ou mecânico, incluindo fotocópia e gravação) ou arquivada em qualquer sistema ou banco de dados sem permissão escrita da Editora. Direitos reservados.

Cadastre-se e receba nossas informações
paulinas.com.br
Telemarketing e SAC: 0800-7010081

Paulinas
Rua Dona Inácia Uchoa, 62
04110-020 – São Paulo – SP (Brasil)
📞 (11) 2125-3500
✉ editora@paulinas.com.br
© Pia Sociedade Filhas de São Paulo – São Paulo, 2020

A meus familiares, amigos e colegas de trabalho,
que direta ou indiretamente sempre me apoiaram
e que sei que sempre irão apoiar-me
em todos os meus projetos pessoais e profissionais.

A todos os meus alunos e alunas
(profissionais da educação, da saúde e da ação social)
que fielmente me acompanham em palestras,
cursos de formação e de pós-graduação
e que, acima de tudo,
confiam no meu trabalho e no meu potencial,
tomando-me muitas vezes como referência
para suas práticas profissionais:
obrigado pela confiança!

Agradecimentos

Que este livro sirva de pretexto para novas aventuras pelo mundo do conhecimento, favorecendo e ampliando horizontes e garantindo mais informações que lhes deem maior segurança diante das abordagens interventivas verdadeiramente eficientes e significativas.

Gostaria de agradecer, de modo muito especial, às centenas de crianças e adolescentes com deficiência intelectual, autismo, síndromes e tantos outros quadros diagnósticos – que por muitas vezes os limitaram, mas que nunca os incapacitaram nem os impediram de continuar seguindo em frente – que, ao longo da minha vida profissional, passaram pelos meus atendimentos terapêuticos ocupacionais e muito me ensinaram e continuam a ensinar todos os dias, pois cada nova história proporciona novos saberes.

Obrigado por me ensinarem o real significado da palavra SUCESSO, que não é fama, não é status social nem acúmulo de bens materiais, mas sim a agradável sensação de ter feito a diferença na vida de alguém.

Muito obrigado!

Sumário

Introdução 11

CAPÍTULO 1. Deficiência intelectual e o Manual Diagnóstico
e Estatístico de Transtornos Mentais (DSM-5) 19

CAPÍTULO 2. Quadro diferencial: deficiência intelectual
versus transtornos específicos de aprendizagem 49

CAPÍTULO 3. Síndrome de Down e suas particularidades 85

CAPÍTULO 4. Síndromes congênitas do Zika vírus – SCZV 95

CAPÍTULO 5. Transtorno do Espectro do Autismo (TEA)
e síndromes comórbidas 121

CAPÍTULO 6. Quadros sindrômicos particularizados 227

Referências 251

Introdução

O mundo moderno tem nos proporcionado inúmeras possibilidades, principalmente o acesso aos conhecimentos produzidos pelas ciências em todo o mundo, quase em tempo real. Esses conhecimentos têm nos facilitado a cada dia o entendimento de tudo o que nos rodeia, tirando-nos vendas que até então nos impediam de perceber com maior clareza as sutis dificuldades ou quadros sindrômicos que no passado poderiam ser interpretados, classificados ou julgados de forma equivocada como preguiça, desinteresse, desmotivação, incapacidade ou qualquer outra coisa desse tipo, e que hoje, pelos inúmeros avanços conquistados pelas neurociências, que têm ampliado seu espaço de pesquisa desde 1980, nos fazem entender que essas pequenas dificuldades, muitas vezes por nós ignoradas ou despercebidas e sem nenhuma estratégia de auxílio, hoje podem ter uma explicação mais coerente, podem ter um nome, uma categorização. E essa construção de novos e frequentes saberes se faz importante, porque, de posse dessas informações, podemos e devemos, enquanto profissionais de áreas diversas, familiares ou cuidadores, a partir do que é real e comprovado, buscar estratégias verdadeiramente auxiliares e promotoras de crescimento e inclusão, favorecendo a quem necessita de maior acesso ao que lhe é de direito e permitindo que essas pessoas não tenham tantos prejuízos por falta de oportunidades ou por ignorância daquilo que não conhecemos.

As síndromes, a despeito de como se apresentam, fazem parte dessa nossa nova forma de vermos e entendermos a realidade atual, e estão cada vez mais presentes em todos os espaços de convivência familiar, social e educacional, pois, não obstante qualquer condição, esses quadros diagnósticos podem vir a ocorrer. Isso requer maior conhecimento por parte de pais, familiares, cuidadores, acompanhantes e profissionais, independentemente de suas formações de base, afinal de contas, vivemos a diversidade humana em todas as suas múltiplas formas de apresentação.

Segundo Schwartzman (1999), as síndromes são relatadas como um conjunto de sinais e sintomas que caracterizam determinado quadro clínico. Muitas síndromes, em suas formas de manifestações, são descritas como condição médica e podem ser caracterizadas por diversos e diferentes grupos de patologias, em que o indivíduo fica mais ou menos exposto por conta de uma maior ou menor vulnerabilidade que esse quadro lhe traga.

As síndromes podem ser causadas por fatores diversos, desde alterações genéticas, neurológicas ou de funcionamento cerebral específico, alterações metabólicas, endócrinas, cromossômicas, psicológicas... causando inúmeras apresentações ou caracterizações como as malformações globais e/ou danos no funcionamento cerebral, bem como manifestações comportamentais alteradas e socialmente inadequadas ou ainda prejuízos no funcionamento orgânico global, o que por sua vez poderá comprometer diversas áreas da vida funcional de um sujeito, desde sua capacidade de fala, comunicação, interações sociais, motricidade ampla e fina, adequação comportamental para a vida em sociedade, prejuízos no funcionamento orgânico, déficits intelectual, visual, auditivo, ou ainda propensão a quadros patológicos comórbidos que tornarão essa condição médica cada vez mais grave, necessitando, assim, de suportes multidisciplinares especializados para a garantia de melhor qualidade de vida.

Nesse sentido, objetivando oferecer informações claras, diretas e pontuais a familiares e profissionais da educação, da saúde e da ação social, para que, de alguma forma, os auxiliem nas suas práticas profissionais, elencamos algumas síndromes comumente encontradas em nossos espaços de trabalho que podem comprometer as condutas ou habilidades adaptativas de um indivíduo em sua vida funcional e autônoma, desde a tenra idade até a vida adulta.

Esses sujeitos acometidos por diversas condições médicas específicas poderão chegar aos nossos espaços de atendimentos clínicos ou institucionais, bem como aos espaços escolares comuns, buscando, por sua vez, pela garantia de seus direitos, legalmente amparados pela Constituição Federal de 1988, por intervenções, adequações, adaptações, flexibilizações ou estruturações particularizadas, que os auxiliem em seu processo de desenvolvimento global.

Nesse momento, nossa primeira ação para atender essa demanda é buscarmos por maiores informações sobre esse novo quadro diagnóstico que nos chega e, assim, entender como essa manifestação diagnóstica ou condição médica específica se apresenta nesse indivíduo em particular. Só então poderemos planejar ou elaborar planos de intervenções individualizados e com objetivos a serem atingidos a curto, a médio ou a longo prazo, contemplando as estratégias para de fato atingi-los. Dentro desse plano individualizado, deve-se pensar na implementação de atividades complementares e estruturadas que os estimulem na superação de algumas das suas múltiplas dificuldades, bem como atividades de suplementação para que suas capacidades sejam potencializadas, pois, mais uma vez, devemos lembrar que pessoas com deficiência possuem também potencialidades e que merecem ser complementadas, qualificadas e valorizadas.

Logo, faz-se importante a aquisição de alguns conhecimentos para que, assim, nossas propostas interventivas sejam de fato significativas para a habilitação ou para a reabilitação desses indivíduos, favorecendo-os no seu processo inclusivo e na sua capacidade funcional para uma vida independente. A esse processo de acesso, permanência e validação e oportunização de situações promotoras de evolução, chamamos de INCLUSÃO.

O termo "síndrome" vem do grego *syndromé*, que significa "reunião", "conjunto" – esse termo é comumente utilizado pela medicina para evidenciar a manifestação de um conjunto de sinais e sintomas que definem um determinado quadro patológico ou entidade nosográfica, ou ainda um estado mórbido (enfermo, doente, relativo à doença), caracterizando-se por um aglomerado de sintomas e sinais clínicos, podendo resultar de mais de uma causa, conhecida ou ainda desconhecida.

Síndrome nem sempre significa presença de uma doença, mas sim a representação de uma condição médica, especialmente por apresentar-se como um grupo de quadros diagnósticos ou condições médicas presentes em uma mesma pessoa. A palavra doença é originada do latim *dolentia* e significa padecimento. Logo, entendemos que há, nesse sentido, um ou mais distúrbios das funções de um ou mais órgãos, da psique humana ou do organismo como um todo e que está relacionado a sintomas e etiologias mais específicas.

Compreendemos que a etiologia de muitas doenças pode residir em diversos fatores externos, como as múltiplas infecções causadas por agentes patogênicos conhecidos ou não, ou ainda por disfunções ou malformações internas, o que justifica muitas das doenças autoimunes.

Em geral, a doença deve apresentar critérios mais específicos, o que difere de muitos quadros sindrômicos, com etiologia reconhecida (causas ou possíveis causas), grupo identificável de sinais e sintomas que apontem para uma dada situação e alterações anatômicas ou funcionais de fato consistentes.

Continua ainda não bem entendida a razão escondida por trás de muitas síndromes, apesar de termos alguns quadros claramente definidos, especialmente quanto a sua etiologia.

Por essas questões anteriormente apresentadas, a maioria das síndromes ainda é considerada um tipo de mistério para os estudos e para a medicina. Em contraste, a razão ou a causa por trás de muitas doenças já pode ser elucidada mais facilmente e sem grandes mistérios, especialmente pelo aumento de estudos e pesquisas, e pelos avanços significativos das neurociências.

Um fator ainda complicador é que certas doenças podem desencadear quadros sindrômicos muitos particulares. Sendo assim, é necessária uma minuciosa investigação sobre a causa do problema para que equívocos ou dúvidas não sejam levantadas e as propostas de encaminhamentos e de intervenções sejam melhor direcionadas.

As síndromes nem sempre representam ou indicam a presença de doenças, como as síndromes psicológicas, por exemplo, e em geral podem ser registradas levando o nome ou o sobrenome de seu descobridor ou, ainda, de uma característica particular do quadro apresentado.

Grande parte delas continua não claramente elucidada, portanto, não podem e não devem ser abordadas ou tratadas de forma definitiva e estanque, pois, em muitas situações, se observam tratamentos por meio de uso temporário de fármacos ou psicofármacos que auxiliam no controle da sintomatologia, garantindo, assim, melhores condições de funcionalidade para a adaptabilidade social e vida autônoma.

Ao falarmos de saúde e doença, faz-se necessário apresentarmos quais determinantes participam direta ou indiretamente desse processo: alimentação saudável com nutrição favorável, moradia digna e saneamento básico, melhores oportunidades e condições de trabalho, educação de qualidade a todos, momentos de lazer, acesso à informação, meio ambiente preservado e saudável, transporte e serviços de saúde acessíveis, participação popular, redes de solidariedade, vínculos afetivos positivos, decisões políticas coerentes e principalmente garantias de direitos e acesso, dentre tantos outros elementos ainda não qualificados culturalmente como necessários para uma vida digna e saudável.

Antes da descrição específica de cada quadro relativo às síndromes mais comuns na infância e adolescência e comumente observadas nos espaços escolares e sociais, faz-se necessário apresentarmos a caracterização do *transtorno do desenvolvimento intelectual (deficiência intelectual)*, tão observado como característica presente em muitas síndromes e que assim categorizam muitos desses indivíduos como público-alvo da educação inclusiva e dos serviços de educação especial, sejam esses serviços realizados em salas de aula comum, em salas de recursos multifuncionais que realizam Atendimento Educacional Especializado (AEE) (através de atividades complementares e suplementares, sendo não substitutivo à escolarização), bem como em centros de atendimento educacional especializado que realizam atendimentos multidisciplinares, com abordagem terapêutica ocupacional, fonoaudiológica, psicológica, fisioterápica, pedagógica, psicopedagógica, neuropsicopedagógica, psicomotricista, dentre tantas outras abordagens e programas específicos, sempre pautados na perspectiva da evolução global desses indivíduos em prol da educação inclusiva ou ainda com caráter clínico-institucional, possibilitando avanços que garantam melhor qualidade de vida e capacidade de autonomia para uma vida independente.

Capítulo 1

Deficiência intelectual e o Manual Diagnóstico e Estatístico de Transtornos Mentais (DSM-5)

O Manual Diagnóstico e Estatístico dos Transtornos Mentais (DSM-5), documento elaborado a partir de grupos de estudos pela Associação Americana de Psiquiatria (APA) – (American Psychiatric Association), traz, em sua quinta edição, um capítulo especial dedicado à classificação e ao entendimento dos *transtornos do neurodesenvolvimento*, que são um grupo de condições com início no período do desenvolvimento e caracterizado basicamente por prejuízos de funcionamento cerebral em áreas cerebrais específicas.

Os transtornos tipicamente se manifestam desde cedo, com apresentação no início do período do desenvolvimento da criança e, em geral, antes mesmo de ela ingressar na vida escolar, sendo caracterizados por déficits no desenvolvimento que acarretam prejuízos significativos no funcionamento pessoal, social, acadêmico ou profissional (APA, 2014).

Os déficits de desenvolvimento variam desde limitações muito específicas na aprendizagem ou no controle de funções executivas, até prejuízos globais em habilidades sociais ou de inteligência.

É frequente a ocorrência de mais de um transtorno do neurodesenvolvimento. Por exemplo, indivíduos com Transtorno do Espectro do Autismo (TEA) frequentemente exibem percentual significativo de *deficiência intelectual* (transtorno do desenvolvimento intelectual), e muitas crianças com Transtorno de Déficit de Atenção/Hiperatividade (TDAH) apresentam também transtorno específico da aprendizagem.

No caso de alguns transtornos, a apresentação clínica inclui sintomas tanto de excesso quanto de déficits e atrasos em atingir marcos esperados para a idade em que se encontram. Por exemplo, o Transtorno do Espectro do Autismo (TEA) somente é diagnosticado quando os déficits característicos de comunicação social são acompanhados por comportamentos excessivamente repetitivos, interesses restritos e insistentes.

A *deficiência intelectual* (transtorno do desenvolvimento intelectual) caracteriza-se por déficits em capacidades mentais genéricas, como raciocínio, solução de problemas, planejamento, pensamento abstrato, juízo, aprendizagem acadêmica e aprendizagem pela experiência. Esses déficits resultam em prejuízos no *funcionamento adaptativo*, de modo que o indivíduo não consegue atingir padrões de independência pessoal e responsabilidade social em um ou mais aspectos da vida diária, incluindo capacidade de comunicação, participação social, funcionamento acadêmico ou profissional e independência pessoal em casa ou na comunidade.

O atraso global do desenvolvimento, como o nome implica, é diagnosticado quando um indivíduo não atinge os marcos do desenvolvimento esperados em várias áreas do funcionamento intelectual. Esse diagnóstico é utilizado para indivíduos que estão incapacitados de participar de avaliações sistemáticas do funcionamento intelectual, incluindo crianças jovens demais para participar de testes padronizados.

A *deficiência intelectual* pode ser consequência de alguma lesão adquirida no período do desenvolvimento, decorrente, por exemplo, de traumatismo craniano grave, situação na qual um *transtorno neurocognitivo* também pode ser diagnosticado.

Um transtorno específico da aprendizagem, como o nome implica, é diagnosticado diante de déficits específicos na capacidade individual para perceber ou processar informações com eficiência e precisão. Esse transtorno do neurodesenvolvimento manifesta-se, inicialmente, durante os anos de escolaridade formal, caracterizando-se por dificuldades persistentes e prejudiciais nas habilidades acadêmicas básicas para leitura, escrita e/ou matemática.

O desempenho individual nas habilidades acadêmicas afetadas se revela bastante abaixo da média para a idade, ou os níveis de desempenho aceitáveis são atingidos somente com esforço extraordinário.

O transtorno específico da aprendizagem pode ocorrer em pessoas que apresentam altas habilidades intelectuais e manifestar-se apenas quando as demandas de aprendizagem ou procedimentos de avaliação (por exemplo, testes cronometrados) impõem barreiras que não podem ser vencidas pela inteligência inata ou por estratégias compensatórias.

Para todas as pessoas, o transtorno específico da aprendizagem pode acarretar prejuízos duradouros em atividades que dependam das habilidades, inclusive no desempenho profissional.

O uso de especificadores para os diagnósticos de transtornos do neurodesenvolvimento enriquece a descrição do curso clínico e da sintomatologia atual do indivíduo. Além de especificadores descritores da apresentação clínica, como idade de início ou classificações da gravidade, os transtornos do neurodesenvolvimento podem incluir o especificador "associado a alguma condição médica ou genética conhecida ou a fator ambiental".

Esse especificador oportuniza aos clínicos a documentação de fatores que podem ter desempenhado um papel na etiologia do transtorno, bem como daqueles capazes de afetar o curso clínico. Exemplos incluem doenças genéticas, como síndrome do X-frágil, esclerose tuberosa e síndrome de Rett; condições médicas, como epilepsia; e fatores ambientais, inclusive muito baixo peso ao nascer e exposição fetal ao álcool (mesmo na ausência de síndrome do alcoolismo fetal).

Deficiência intelectual (transtorno do desenvolvimento intelectual)

Critérios diagnósticos

Deficiência intelectual (transtorno do desenvolvimento intelectual) é um transtorno com início no período do desenvolvimento que inclui déficits funcionais, tanto intelectuais quanto adaptativos, nos domínios conceitual, social e prático. Os três critérios a seguir devem ser preenchidos:

a) Déficits em funções intelectuais, como raciocínio, solução de problemas, planejamento, pensamento abstrato, juízo, aprendizagem acadêmica e aprendizagem pela experiência, confirmados tanto pela avaliação clínica quanto por testes de inteligência padronizados e individualizados.

b) Déficits em funções adaptativas, que resultam em fracasso para atingir padrões de desenvolvimento e socioculturais em relação à independência pessoal e responsabilidade social. Sem apoio continuado, os déficits de adaptação limitam o funcionamento em uma ou mais atividades diárias, como comunicação, participação social e vida independente, e em múltiplos ambientes, como em casa, na escola, no local de trabalho e na comunidade.

c) Início dos déficits intelectuais e adaptativos durante o período do desenvolvimento.

Nota: O termo diagnóstico *deficiência intelectual* equivale ao diagnóstico da CID-11 de transtornos do desenvolvimento intelectual/distúrbios do desenvolvimento intelectual. Embora o termo deficiência intelectual seja utilizado em todo este manual, ambos os termos são empregados no título para esclarecer as relações com outros sistemas de classificação. Além disso, uma Lei Federal dos Estados Unidos (Public Law 111-256, Rosa's Law) substitui o termo "retardo mental" por "deficiência mental" e periódicos de pesquisa usam "deficiência intelectual".

Assim, deficiência intelectual é um termo de uso comum entre médicos, terapeutas ocupacionais, fonoaudiólogos, psicólogos, educadores e outros profissionais, além de também ser utilizado pelo público leigo e grupos de defesa dos direitos das pessoas com deficiência, pois nessa nova nomenclatura se evita a utilização desse termo de forma pejorativa, o que já vinha acontecendo com a nomenclatura anterior. Nesse sentido, a expressão *deficiência intelectual* ganha um novo significado e uma utilização descritiva mais coerente e menos confusa diante de outros tantos termos semelhantes.

Especificar a gravidade atual:

– 317 (F70) Leve

– 318.0 (F71) Moderada

– 318.1 (F72) Grave

– 318.2 (F73) Profunda

Especificadores

Os vários níveis de gravidade são definidos com base no funcionamento adaptativo, e não em escores de Q.I., uma vez que *é o funcionamento adaptativo que determina o nível de apoio necessário*. Além disso, medidas de Q.I. são menos válidas na extremidade mais inferior da variação desse coeficiente.

Níveis de gravidade para deficiência intelectual (transtorno do desenvolvimento intelectual)

1. Nível de gravidade leve

a) Domínio conceitual

Em crianças pré-escolares, pode não haver diferenças conceituais óbvias.

Para crianças em idade escolar e adultos, existem dificuldades em aprender habilidades acadêmicas que envolvam leitura, escrita, matemática, tempo ou dinheiro, sendo necessário apoio em uma ou mais áreas para o alcance das expectativas associadas à idade.

Nos adultos, pensamento abstrato, função executiva (isto é, planejamento, estabelecimento de estratégias, fixação de prioridades e flexibilidade cognitiva) e memória de curto prazo, bem como uso funcional de habilidades acadêmicas (por exemplo, leitura, controle do dinheiro), estão prejudicados.

Há uma abordagem um tanto concreta a problemas e soluções em comparação com indivíduos na mesma faixa etária.

b) Domínio social

Comparado aos indivíduos na mesma faixa etária com desenvolvimento típico, o indivíduo mostra-se imaturo nas relações sociais. Por exemplo, pode haver dificuldade em perceber, com precisão, pistas sociais dos pares.

Comunicação, conversação e linguagem são mais concretas e imaturas do que o esperado para a idade.

Podem existir dificuldades de regulação da emoção e do comportamento de uma forma adequada à idade; tais dificuldades são percebidas pelos pares em situações sociais.

Há compreensão limitada do risco em situações sociais; o julgamento social é imaturo para a idade, e a pessoa corre o risco de ser manipulada pelos outros (credulidade).

c) Domínio prático

O indivíduo pode funcionar de acordo com a idade nos cuidados pessoais.

Precisa de algum apoio nas tarefas complexas da vida diária na comparação com os pares.

Na vida adulta, os apoios costumam envolver compras de itens para a casa, transporte, organização do lar e dos cuidados com os filhos, preparo de alimentos nutritivos, atividades bancárias e controle do dinheiro.

As habilidades recreativas assemelham-se às dos companheiros de faixa etária, embora o juízo relativo ao bem-estar e à organização da recreação precise de apoio.

Na vida adulta, pode conseguir emprego em funções que não enfatizem habilidades conceituais.

Os indivíduos em geral necessitam de apoio para tomar decisões de cuidados de saúde e decisões legais, bem como para aprender a desempenhar uma profissão de forma competente.

Apoio costuma ser necessário para criar uma família.

2. Nível de gravidade moderada

a) Domínio conceitual

Durante todo o desenvolvimento, as habilidades conceituais individuais ficam bastante atrás das dos companheiros.

Nos pré-escolares, a linguagem e as habilidades pre-acadêmicas desenvolvem-se lentamente.

Nas crianças em idade escolar, ocorre lento progresso na leitura, na escrita, na matemática e na compreensão do tempo e do dinheiro ao longo dos anos escolares, com limitações marcadas na comparação com os colegas.

Nos adultos, o desenvolvimento de habilidades acadêmicas costuma mostrar-se em um nível elementar, havendo necessidade de apoio para todo emprego de habilidades acadêmicas no trabalho e na vida pessoal.

Assistência contínua diária é necessária para a realização de tarefas conceituais cotidianas, sendo que outras pessoas podem assumir integralmente essas responsabilidades pelo indivíduo.

b) Domínio social

O indivíduo mostra diferenças marcadas em relação aos pares no comportamento social e na comunicação durante o desenvolvimento.

A linguagem falada costuma ser um recurso primário para a comunicação social, embora com muito menos complexidade que a dos companheiros.

A capacidade de relacionamento é evidente nos laços com família e amigos, e o indivíduo pode manter amizades bem-sucedidas na vida e, por vezes, relacionamentos românticos na vida adulta.

Pode, entretanto, não perceber ou interpretar com exatidão as pistas sociais.

O julgamento social e a capacidade de tomar decisões são limitados, com cuidadores tendo que auxiliar a pessoa nas decisões.

Amizades com companheiros com desenvolvimento normal costumam ficar afetadas pelas limitações de comunicação e sociais.

Há necessidade de apoio social e de comunicação significativa para obtenção de sucesso nos locais de trabalho.

c) Domínio prático

O indivíduo é capaz de dar conta das necessidades pessoais que envolvam alimentar-se, vestir-se e higienizar-se como adulto, ainda que haja necessidade de período prolongado de ensino e de tempo para que se torne independente nessas áreas, talvez com necessidade de lembretes.

Da mesma forma, a participação em todas as tarefas domésticas pode ser alcançada na vida adulta, ainda que seja necessário longo período de aprendizagem e que um apoio continuado tenha que ocorrer para um desempenho adulto.

Emprego independente em tarefas que necessitem de habilidades conceituais e comunicacionais limitadas pode ser conseguido, embora com necessidade de apoio considerável de colegas, supervisores e outras pessoas, para o manejo das expectativas sociais, complexidades de trabalho e responsabilidades auxiliares, como horário, transportes, benefícios de saúde e controle do dinheiro.

Uma variedade de habilidades recreacionais pode ser desenvolvida. Estas costumam demandar apoio e oportunidades de aprendizagem por um longo período de tempo.

Comportamento mal adaptativo está presente em uma minoria significativa, causando problemas sociais.

3. Nível de gravidade grave

a) Domínio conceitual

Alcance limitado de habilidades conceituais.

Geralmente, o indivíduo tem pouca compreensão da linguagem escrita ou de conceitos que envolvam números, quantidade, tempo e dinheiro.

Os cuidadores proporcionam grande apoio para a solução de problemas ao longo da vida.

b) Domínio social

A linguagem falada é bastante limitada em termos de vocabulário e gramática.

A fala pode ser composta de palavras ou expressões isoladas, com possível suplementação por meios alternativos.

A fala e a comunicação têm foco no aqui e agora dos eventos diários.

A linguagem é usada para comunicação social mais do que para explicações.

Os indivíduos entendem discursos e comunicação gestual simples.

As relações com familiares e pessoas conhecidas constituem fonte de prazer e ajuda.

c) Domínio prático

O indivíduo necessita de apoio para todas as atividades cotidianas, inclusive refeições, vestir-se e higienizar-se.

Precisa de supervisão em todos os momentos.

Não é capaz de tomar decisões responsáveis quanto ao seu bem-estar e dos demais.

Na vida adulta, há necessidade de apoio e assistência contínuos nas tarefas domésticas, recreativas e profissionais.

A aquisição de habilidades em todos os domínios envolve ensino prolongado e apoio contínuo.

Comportamento mal adaptativo, inclusive autolesão, está presente em uma minoria significativa.

4. Nível de gravidade profunda

a) Domínio conceitual

As habilidades conceituais costumam envolver mais o mundo físico do que os processos simbólicos.

A pessoa pode usar objetos de maneira direcionada a metas para o autocuidado, o trabalho e a recreação.

Algumas habilidades visuoespaciais, como combinar e classificar, baseadas em características físicas, podem ser adquiridas.

A ocorrência concomitante de prejuízos motores e sensoriais, porém, pode impedir o uso funcional dos objetos.

b) Domínio social

O indivíduo apresenta compreensão muito limitada da comunicação simbólica na fala ou nos gestos.

Pode entender algumas instruções ou gestos simples.

Há ampla expressão dos próprios desejos e emoções pela comunicação não verbal e não simbólica.

A pessoa aprecia os relacionamentos com membros bem conhecidos da família, cuidadores e outras pessoas conhecidas, além de iniciar interações sociais e reagir a elas por meio de pistas gestuais e emocionais.

A ocorrência concomitante de prejuízos sensoriais e físicos pode impedir muitas atividades sociais.

c) Domínio prático

O indivíduo depende de outros para todos os aspectos do cuidado físico diário, saúde e segurança, ainda que possa conseguir participar também de algumas dessas atividades.

Aqueles sem prejuízos físicos graves podem ajudar em algumas tarefas diárias de casa, como levar os pratos para a mesa.

Ações simples com objetos podem constituir a base para a participação em algumas atividades profissionais com níveis elevados de apoio continuado.

Atividades recreativas podem envolver, por exemplo, apreciar ouvir música, assistir a filmes, sair para passear ou participar de atividades aquáticas, tudo isso com apoio de outras pessoas.

A ocorrência concomitante de prejuízos físicos e sensoriais é barreira frequente à participação (além da observação) em atividades domésticas, recreativas e profissionais.

Comportamento mal adaptativo está presente em uma minoria significativa.

Características diagnósticas

As características essenciais da deficiência intelectual (Transtorno do Desenvolvimento Intelectual) incluem déficits em capacidades mentais genéricas (Critério A) e prejuízo na função adaptativa diária em comparação com indivíduos pareados em idade, gênero e aspectos socioculturais (Critério B). O início ocorre durante o período do desenvolvimento (Critério C).

O diagnóstico de deficiência intelectual baseia-se tanto em avaliação clínica quanto em testes padronizados das funções adaptativa e intelectual.

O *Critério A* refere-se a *funções intelectuais* que envolvem raciocínio, solução de problemas, planejamento, pensamento abstrato, juízo, aprendizagem pela educação escolar e experiência e compreensão prática. Os componentes críticos incluem compreensão verbal, memória de trabalho, raciocínio perceptivo, raciocínio quantitativo, pensamento abstrato e eficiência cognitiva.

O funcionamento intelectual costuma ser mensurado com testes de inteligência administrados individualmente, com validade psicométrica, abrangentes, culturalmente adequados e apropriados do ponto de vista psicométrico.

Indivíduos com deficiência intelectual apresentam escores em torno de dois desvios-padrão ou mais abaixo da média populacional, incluindo uma margem de erro de medida (em geral, + 5 pontos). Em testes com desvio-padrão de 15 e média de 100, isso significa um escore de 65-75 (70 ± 5).

Treinamento e julgamento clínicos são necessários para a interpretação dos resultados dos testes e a avaliação do desempenho intelectual.

Fatores que podem influenciar os escores dos testes incluem efeitos de prática e o "efeito Flynn" (isto é, escores excessivamente elevados devido a normas desatualizadas dos testes).

Escores inválidos podem resultar do uso de testes ou grupos de triagem breves; escores de subtestes individuais altamente discrepantes podem invalidar um escore geral de Q.I.

Há necessidade de normatização dos instrumentos em termos de contexto sociocultural e idioma nativo do indivíduo.

Transtornos concomitantes que influenciem a comunicação, a linguagem e/ou a função motora ou sensorial podem afetar os escores do teste.

Perfis cognitivos individuais baseados em testes neuropsicológicos são mais úteis para o entendimento de capacidades intelectuais do que apenas o escore do Q.I. Esses testes podem identificar pontos fortes e fracos, uma avaliação que é importante para o planejamento acadêmico e profissional.

Escores de Q.I. são aproximações do funcionamento conceitual, mas podem ser insuficientes para a avaliação do raciocínio em situações da vida real e do domínio de tarefas práticas. Exemplificando, uma pessoa com um escore de Q.I. acima de 70 pode ter problemas de comportamentos adaptativos tão graves no juízo social, no entendimento social e em outras áreas da função adaptativa que seu funcionamento real é comparável ao de pessoas com um escore de Q.I. mais baixo. Assim, o julgamento clínico é necessário para a interpretação dos resultados dos testes de Q.I.

Déficits no funcionamento adaptativo *(Critério B)* referem-se à quão bem uma pessoa alcança os padrões de sua comunidade em termos de independência pessoal e responsabilidade social em comparação a outros com idade e antecedentes socioculturais similares. O funcionamento adaptativo envolve raciocínio adaptativo em três domínios: *conceitual, social e prático.*

- O *domínio conceitual* (acadêmico) envolve competência em termos de memória, linguagem, leitura, escrita, raciocínio matemático, aquisição de conhecimentos práticos, solução de problemas e julgamento em situações novas, entre outros.

- O *domínio social* envolve percepção de pensamentos, sentimentos e experiências dos outros, empatia, habilidades de comunicação interpessoal, habilidades de amizade, julgamento social, entre outros.
- O *domínio prático* envolve aprendizagem e autogestão em todos os cenários de vida, inclusive cuidados pessoais, responsabilidades profissionais, controle do dinheiro, recreação, autocontrole comportamental e organização de tarefas escolares e profissionais, entre outros.

Capacidade intelectual, educação, motivação, socialização, aspectos de personalidade, oportunidade vocacional, experiência cultural e condições médicas gerais e transtornos mentais coexistentes influenciam o funcionamento adaptativo.

O funcionamento adaptativo é investigado mediante o uso tanto da avaliação clínica quanto de medidas individualizadas, culturalmente apropriadas e psicometricamente adequadas.

Medidas padronizadas são empregadas com informantes (por exemplo, pais ou outro membro da família; professor; conselheiro; provedor de cuidados) e com o indivíduo, na medida do possível.

Outras fontes de informação incluem avaliações educacionais, desenvolvimentais, médicas e de saúde mental.

Escores de medidas padronizadas e fontes de entrevista devem ser interpretados com uso de julgamento clínico.

Quando a realização de um teste padronizado é difícil ou impossível por uma variedade de fatores (por exemplo, prejuízo sensorial, comportamento problemático grave), o indivíduo pode ser diagnosticado com uma *deficiência intelectual não especificada*.

O funcionamento adaptativo pode ser de difícil investigação em um cenário controlado (por exemplo, prisões, centros de detenção); se possível, informações corroborativas que reflitam o funcionamento fora desses locais devem ser obtidas.

O *Critério B* é preenchido quando pelo menos um domínio do funcionamento adaptativo – conceitual, social ou prático – está suficientemente prejudicado, a ponto de ser necessário apoio contínuo para que a pessoa tenha desempenho adequado em um ou mais locais, tais como escola, trabalho, casa ou comunidade.

Para que sejam atendidos os critérios diagnósticos de deficiência intelectual, os déficits no funcionamento adaptativo devem estar diretamente relacionados aos prejuízos intelectuais descritos no *Critério A*.

O *Critério C,* que tem início durante o período do desenvolvimento, refere-se ao reconhecimento da presença de déficits intelectuais e adaptativos durante a infância ou adolescência.

Características associadas que apoiam o diagnóstico

A deficiência intelectual é uma condição heterogênea com múltiplas causas. Pode haver dificuldades associadas ao juízo social; à avaliação de riscos; ao autocontrole do comportamento, emoções ou relações interpessoais; ou à motivação na escola ou no ambientes de trabalho. Falta de habilidades de comunicação pode predispor a comportamentos disruptivos ou agressivos.

A credulidade costuma ser uma característica, envolvendo ingenuidade em situações sociais e tendência a ser facilmente conduzido pelos outros. Credulidade e falta de consciência sobre riscos podem resultar em exploração por outros e possível vitimização, fraude, envolvimento criminal não intencional, falsas confissões e risco de abuso físico e sexual.

Esses aspectos associados podem ser importantes em casos criminais, incluindo audiências do tipo Atkins, envolvendo pena de morte.

Pessoas com diagnóstico de deficiência intelectual, com transtornos mentais comórbidos, apresentam risco de suicídio. Elas pensam em suicídio, fazem tentativas suicidas e podem morrer em decorrência delas. Assim, é essencial a investigação de pensamentos suicidas no processo de avaliação.

Em decorrência da falta da consciência de riscos e perigos, taxas de lesões acidentais podem ser elevadas.

Prevalência

A deficiência intelectual tem uma prevalência geral na população como um todo, de cerca de 1%, com variações em decorrência da idade.

A prevalência de deficiência intelectual grave é de cerca de 6 por 1 mil.

Desenvolvimento e curso

O início da deficiência intelectual se dá no período do desenvolvimento.

Idade e aspectos característicos no início dependem da etiologia e da gravidade da disfunção cerebral.

Atrasos em marcos motores, linguísticos e sociais podem ser identificáveis nos primeiros dois anos de vida entre aqueles que têm deficiência intelectual mais grave, ao passo que níveis leves podem não ser identificados até a idade escolar, quando ficam aparentes as dificuldades de aprendizagem acadêmica.

Todos os critérios (inclusive o C) devem ser atendidos pela história ou pela apresentação atual.

Algumas crianças com menos de 5 anos de idade, cuja apresentação atenderá, em última análise, aos critérios de deficiência intelectual, têm déficits que satisfazem a critérios de atraso global do desenvolvimento.

Quando a deficiência intelectual está associada a uma síndrome genética, pode haver uma aparência física característica (como na síndrome de Down, por exemplo).

Algumas síndromes têm um fenótipo comportamental, o que se refere a comportamentos específicos, característicos de determinado transtorno genético (por exemplo, síndrome de Lesch-Nyhan).

Nas formas adquiridas, o aparecimento pode ser abrupto, após doenças como meningite ou encefalite ou traumatismo encefálico durante o período do desenvolvimento.

Quando a deficiência intelectual decorre de perda de habilidades cognitivas previamente adquiridas, como em lesões cerebrais traumáticas, pode ser atribuído tanto o diagnóstico de *deficiência intelectual* quanto o de um *transtorno neurocognitivo*.

Embora a deficiência intelectual em geral não seja progressiva, em algumas doenças genéticas (por exemplo, síndrome de Rett) há períodos de piora seguidos de estabilização, e, em outras (por exemplo, síndrome de San Phillippo), ocorre piora progressiva da função intelectual.

Depois da primeira infância, o transtorno costuma perdurar por toda a vida, ainda que os níveis de gravidade possam mudar ao longo do tempo. O curso pode ser influenciado por condições médicas ou genéticas subjacentes e por condições comórbidas (por exemplo, deficiências auditivas ou visuais, epilepsia).

Intervenções precoces e continuadas podem melhorar o funcionamento adaptativo na infância e na vida adulta. Em alguns casos, ocorre melhora significativa da função intelectual, tornando até o diagnóstico de deficiência intelectual não mais apropriado.

Desse modo, é prática comum, ao avaliar bebês e crianças pequenas, postergar o diagnóstico de deficiência intelectual para até depois de um curso apropriado de intervenção ter sido proporcionado.

Em crianças mais velhas e em adultos, o nível de apoio oferecido é capaz de possibilitar a completa participação em todas as atividades cotidianas e a melhora na função adaptativa.

As avaliações diagnósticas devem determinar se uma melhora nas habilidades de adaptação é resultado da aquisição de uma nova habilidade estável e generalizada (caso em que o diagnóstico de deficiência intelectual pode não ser mais apropriado) ou de contingência da presença de apoios e intervenções ininterruptas (caso em que o diagnóstico de deficiência intelectual pode ainda ser apropriado).

Fatores de risco e prognóstico

Genéticos e fisiológicos – etiologias pré-natais incluem síndromes genéticas (por exemplo, variações na sequência ou variações no número de cópias envolvendo um ou mais genes; problemas cromossômicos), erros inatos do metabolismo, malformações encefálicas, doença materna (inclusive doença placentária) e influências ambientais (por exemplo, álcool, outras drogas, toxinas, teratógenos).

Causas perinatais incluem uma gama de eventos no trabalho de parto e no nascimento que levam à encefalopatia neonatal.

Causas pós-natais incluem lesão isquêmica hipóxica, lesão cerebral traumática, infecções, doenças desmielinizantes, doenças convulsivas (por exemplo, espasmos infantis), privação social grave e crônica, síndromes metabólicas tóxicas e intoxicações (por exemplo, chumbo, mercúrio).

Questões diagnósticas relativas à cultura

A deficiência intelectual ocorre em todas as etnias e culturas. Sensibilidade e conhecimento culturais são necessários durante a avaliação, devendo ser considerados antecedentes étnicos, culturais e linguísticos individuais, experiências disponíveis e funcionamento adaptativo na comunidade e no cenário cultural individual.

Questões diagnósticas relativas ao gênero

Indivíduos do sexo masculino, em geral, têm mais propensão do que os do sexo feminino para receber diagnósticos de formas moderadas (razão média masculino/feminino 1,6:1) e graves (razão média masculino/feminino 1,2:1) de deficiência intelectual.

As proporções de gênero, todavia, variam muito em estudos relatados. Fatores genéticos associados ao sexo e vulnerabilidade do sexo masculino a lesões no cérebro podem responder por algumas diferenças de gênero.

Marcadores diagnósticos

Uma análise abrangente inclui avaliação da capacidade intelectual e do funcionamento adaptativo; identificação de etiologias genéticas e não genéticas; avaliação da existência ou não de condições médicas associadas (por exemplo, paralisia cerebral, epilepsia), e avaliação de transtornos mentais, emocionais e comportamentais comórbidos.

Os componentes da avaliação podem incluir história médica pré-natal e perinatal, genograma familiar incluindo três gerações, exames físicos, avaliação genética (por exemplo, cariótipo ou análise cromossômica por microarray e testes para detecção de síndromes genéticas específicas), bem como triagem metabólica e investigação por neuroimagem.

Diagnóstico diferencial

O diagnóstico de deficiência intelectual deve ser feito sempre que atendidos os *Critérios A, B e C*.

Esse diagnóstico jamais deve ser pressuposto em razão de determinada condição genética ou médica.

Uma síndrome genética associada à deficiência intelectual deve ser registrada como um diagnóstico concorrente com a deficiência intelectual.

Transtornos neurocognitivos maiores e leves – a deficiência intelectual é definida como um transtorno do neurodesenvolvimento e é diferente dos transtornos neurocognitivos, que se caracterizam por perda do funcionamento cognitivo previamente adquirido.

Um transtorno neurocognitivo maior pode ocorrer concomitantemente com a deficiência intelectual (por exemplo, a pessoa com síndrome de Down que desenvolve doença de Alzheimer ou a pessoa com deficiência intelectual que perde um pouco mais a capacidade cognitiva após um traumatismo encefálico).

Em casos assim, podem ser feitos diagnósticos de deficiência intelectual e transtorno neurocognitivo.

Transtornos da comunicação e *transtorno específico da aprendizagem* – esses transtornos do neurodesenvolvimento são específicos do domínio da comunicação e da aprendizagem, não exibindo déficits no comportamento intelectual e adaptativo.

Transtorno do Espectro do Autismo (TEA) – a deficiência intelectual é comum entre pessoas com TEA. Sua investigação pode ser complicada por déficits sociocomunicacionais e comportamentais inerentes ao TEA, que podem interferir na compreensão e no engajamento nos procedimentos dos testes.

Uma investigação adequada da função intelectual no Transtorno do Espectro do Autismo é fundamental, com reavaliação ao longo do período do desenvolvimento, uma vez que escores do Q.I. no TEA podem ser instáveis, particularmente na primeira infância.

Comorbidade

A ocorrência concomitante de condições mentais, do neurodesenvolvimento, médicas e físicas, é frequente na deficiência intelectual, com taxas de algumas condições (por exemplo, transtornos mentais, paralisia cerebral e epilepsia) 3 a 4 vezes mais altas que na população em geral.

O prognóstico e o resultado de diagnósticos comórbidos podem ser influenciados pela presença da deficiência intelectual.

Os procedimentos de avaliação podem demandar mudanças em função dos transtornos associados, tais como transtornos da comunicação, Transtorno do Espectro do Autismo e transtornos motores, sensoriais e outros.

Informantes são essenciais para a identificação de sintomas como: irritabilidade, desregulação do humor, agressividade, problemas alimentares e problemas do sono, bem como para a avaliação da função adaptativa em locais variados na comunidade.

Os transtornos mentais e do neurodesenvolvimento comórbidos mais comuns são Transtorno de Déficit de Atenção/Hiperatividade, transtornos depressivo e bipolar, transtornos de ansiedade, Transtorno do Espectro do Autismo, transtorno do movimento estereotipado (com ou sem comportamento autolesivo), transtornos do controle de impulsos e transtorno neurocognitivo maior.

Um transtorno depressivo maior pode ocorrer nos diferentes níveis de gravidade da deficiência intelectual.

Comportamento autolesivo requer imediata atenção diagnóstica, podendo gerar um diagnóstico separado de transtorno do movimento estereotipado.

Indivíduos com deficiência intelectual, em especial os com uma deficiência mais grave, podem também evidenciar agressividade e comportamentos disruptivos, inclusive causando danos a outros ou destruindo propriedades.

Relação com outras classificações

A CID-11 (em desenvolvimento à época desta publicação, e sendo lançada em 2018 para apreciação em 2019 e utilização em vigor a partir de 2022) utiliza o termo "transtornos do desenvolvimento intelectual" para indicar que se está falando de transtornos que envolvem função cerebral prejudicada precocemente na vida. Esses transtornos estão descritos na CID-11 como uma metassíndrome que ocorre no período do desenvolvimento, análoga à demência ou ao transtorno neurocognitivo em fases posteriores da vida. Existem quatro subtipos na CID-11: leve, moderado, grave e profundo.

A American Association on Intellectual and Developmental Disabilities (AAIDD) também usa o termo deficiência intelectual com o mesmo sentido empregado nesse manual. A classificação da AAIDD é mais multidimensional do que categórica, baseada no construto da incapacidade.

Mais do que listar especificadores, como está sendo feito no DSM-5, a AAIDD salienta um perfil de apoio com base na gravidade.

Atraso Global do Desenvolvimento – 315.8 (f88)

Esse diagnóstico está reservado a indivíduos com menos de 5 anos de idade, quando o nível de gravidade clínica não pode ser avaliado de modo confiável durante a primeira infância. Essa categoria é diagnosticada quando um indivíduo fracassa em alcançar os marcos do desenvolvimento esperados em várias áreas da função intelectual, sendo aplicada a pessoas que não são capazes de passar por avaliações sistemáticas do funcionamento intelectual, incluindo crianças jovens demais para participar de testes padronizados.

É uma categoria que requer reavaliações após um período de tempo.

Deficiência intelectual (transtorno do desenvolvimento intelectual) Não especificada 319 (F79)

Essa categoria está reservada a crianças com mais de 5 anos de idade, quando a investigação do grau de deficiência intelectual (transtorno do desenvolvimento intelectual), por meio de procedimentos disponíveis globalmente, fica difícil ou impossível, devido a prejuízos sensoriais ou físicos associados, como cegueira ou surdez pré-linguística, deficiência locomotora ou presença de comportamentos problemáticos graves, ou nos casos de comorbidade com transtorno mental. É uma categoria que somente deve ser usada em circunstâncias excepcionais e que requer reavaliações após um período de tempo.

Essa descrição pormenorizada sobre a *deficiência intelectual* à luz do DSM-5 (APA, 2014), reforçado em breve, possivelmente entre 2019 e 2022 pelo CID-11 (Classificação Internacional das Doenças), vem reforçar o entendimento de que entidades nosográficas estarão presentes em muitos quadros diagnósticos, especialmente nos quadros sindrômicos, como características desses. Logo, é urgente entendermos que, para compreender tais condições médicas, é primordial o entendimento sobre a deficiência intelectual e sua forma de apresentação, pois esta será uma constante em tantas outras caracterizações de quadros diagnósticos diversos.

Capítulo 2

Quadro diferencial: deficiência intelectual *versus* transtornos específicos de aprendizagem

A *deficiência intelectual* (transtorno do desenvolvimento intelectual – DSM-5 [APA, 2014]) caracteriza-se por déficits acentuados nas capacidades mentais genéricas, como raciocínio, solução de problemas, planejamento, pensamento abstrato, juízo, aprendizagem acadêmica e aprendizagem pela experiência. Os déficits resultam em prejuízos no funcionamento adaptativo, de modo que o indivíduo não consegue atingir padrões de independência pessoal e responsabilidade social em um ou mais aspectos da vida diária, incluindo comunicação, participação social, funcionamento acadêmico ou profissional e independência pessoal em casa ou na comunidade (APA, 2014).

Para a Organização Mundial da Saúde (OMS), é possível que exista hoje em todo o mundo um grande número de pessoas com algum tipo de deficiência intelectual, cerca de 10% da população de países desenvolvidos. No Brasil, estima-se um percentual de 0,8% da população com prejuízos intelectuais, e só 30% desse total encontra-se em algum tipo de serviço de suporte (segundo dados da Pesquisa Nacional de Saúde – PNS realizada em 2013 pelo Instituto Brasileiro de Geografia e Estatística – IBGE).

Diante da definição do quadro diagnóstico anteriormente apresentado, faz-se importante responder a uma indagação muito comum por parte de pais e cuidadores para a identificação de sinais que apontem a deficiência intelectual:

Quais as principais dificuldades que uma pessoa com deficiência intelectual pode apresentar desde tenra idade e que sejam consideradas como sinais de alerta para essa condição?

- Alguns bebês com deficiência intelectual apresentam desde o início do seu desenvolvimento Atrasos Globais no Desenvolvimento Neuropsicomotor (DNPM), que já foram classificados como Retardo do Desenvolvimento Neuropsicomotor (RDNPM) – como, por exemplo, demora na aquisição do controle cervical (segurar a cabeça em linha reta), que é fundamental para a sustentação da cabeça (o natural é que esse controle da cabeça aconteça por volta dos 3 ou 4 meses de vida), dentre tantas aquisições que se fazem necessárias já em tenra idade e que, por sua vez, podem acontecer de forma tardia ou ainda nem acontecer como se espera (Serrano, 2015).

- Quanto à capacidade de marcha, de aquisição e articulação para a fala: alguns bebês com deficiência intelectual podem demorar para andar e para falar (o normal é começar a andar e a falar por volta de 1 ano, 1 ano e 2 meses).
- Algumas crianças com deficiência intelectual podem apresentar evidente dificuldade no desenvolvimento da coordenação motora ampla (arrastar, ficar na posição de gatas, ficar de pé com apoio, ficar de pé sem apoio, andar com apoio, andar sem apoio, correr, pular, saltar, subir, descer...) e da coordenação motora fina (desenvoltura para a capacidade de execução de movimentos mais precisos e coordenados, como as preensões em geral, pinças finas, pegar e soltar voluntariamente, realizar movimentos manuais mais elaborados e precisos (Serrano, 2015).
- É comum se observar em crianças com deficiência intelectual maior dificuldade para a compreensão de comandos simples do dia a dia, como, por exemplo, não conseguir entender o que é pedido, mesmo que isso seja feito de forma muito clara, podendo, ainda, não entender regras de jogos e brincadeiras, por mais simples que sejam; podem não saber brincar fazendo uso funcional do brinquedo, que é a representação social pela imitação (Braga, 2018).
- Dificuldades significativas de aprendizagem na escola já podem ser percebidas desde cedo, podendo-se ter muita dificuldade não só em acompanhar o que é ensinado, especialmente no modelo educacional vigente, mas também no processo de discriminação das letras, associação,

classificação, ordenação do alfabeto, processo de alfabetização, com prejuízos significativos na aquisição e domínio da leitura e escrita – alfabetização e letramento.

- Dificuldades no processo de interação e socialização e, principalmente, no relacionamento social também podem estar presentes desde cedo, sendo melhor percebidas nos contextos socioeducacionais: especialmente quando se observa que não interagem ou não buscam interação ou socialização adequadamente, muitas vezes dando preferência para brincar com crianças mais novas, demonstrando imaturidade ou tendo dificuldades em interagir funcionalmente com seus pares.

- No convívio social, podem não se comportar apropriadamente, especialmente devido a comportamentos imaturos ou por não compreenderem como funcionam as regras de convívio grupal ou de um dado ambiente social, o que as deixam em condições de inadequação social (Braga, 2018).

- Dificuldades no raciocínio lógico e na organização lógica das ideias, na capacidade de resolução de problemas (flexibilidade e planejamento mental – prejuízos no funcionamento executivo) (Braga, 2018), que podem justificar-se por danos do funcionamento cerebral específico, especialmente do córtex pré-frontal (capacidade de controle atencional, uso da memória de trabalho ou memória operacional, organização e flexibilidade mental, planejamento e capacidade de controle inibitório) (Fitó, 2012).

- Dificuldades na capacidade de abstração e no pensamento abstrato, na capacidade de compreender ideias complexas, de aprender rapidamente ou de aprender com a experiência.

- Dificuldades para realizar de forma autônoma e independente atividades do dia a dia, como se vestir e se alimentar, cuidar da higiene pessoal (escovar os dentes, tomar banho, pentear os cabelos), fechar zíper ou abotoar as roupas, fazer pequenas compras. Estas atividades da vida diária costumam ser trabalhadas pelas abordagens terapêuticas ocupacionais clínica ou institucional.

- Dificuldades no uso simples dos recursos comunitários – andar de ônibus e identificar itinerários, locomover-se sozinho e com boa orientação espacial e temporal; dificuldades de orientação para direcionalidade.

Em geral, quando o quadro aponta para a deficiência intelectual, os indivíduos se comportam de forma muita imatura e em alguns casos também bastante insegura diante dos desafios e demandas do meio, como se tivessem menos idade do que realmente têm; são imaturos, infantilizados, com severos prejuízos de leitura social.

O quadro diagnóstico para o transtorno do desenvolvimento intelectual/deficiência intelectual pode estar associado a diversas causas, que podem ser entendidas como (Honora; Frizanco, 2008):

- *Causas pré-natais* – fatores socioeconômicos podem ter grande contribuição para inúmeros quadros diagnósticos, especialmente quando a gestante é privada de algumas necessidades básicas, como pobreza alimentar ou desnutrição durante o período gestacional; falta ou precária assistência durante os acompanhamentos pré-natais; doenças infecciosas que possam ser adquiridas pela mãe, especialmente no primeiro trimestre gestacional, bem como outras condições de saúde materna, como a exposição à radiação, ambientes com poluição e uso abusivo de substâncias entorpecentes, além de diversas causas genéticas.

- *Causas perinatais (período que vai desde o início do trabalho de parto até o 30º dia de vida do bebê)* – destacam-se aqui a falta de assistência ou assistência inadequada e traumas vivenciados pelo bebê durante o trabalho de parto, prejuízos de oxigenação cerebral (anóxia – ausência do fornecimento de oxigênio para o cérebro, ou ainda a hipóxia – diminuição do fornecimento de oxigênio para o cérebro do bebê), além de prematuridade, baixo peso ao nascer e icterícia grave.

- *Causas pós-natais (período que se estende do 30º dia de vida do bebê até o período da adolescência)* – nessas situações é importante destacar quadros de desnutrição ou prejuízos nutricionais sofridos pelo bebê; desidratação grave; infecções; intoxicações por remédios, inseticidas ou produtos químicos em geral; acidentes de trânsito, afogamentos, choques, quedas; maus-tratos etc.

Além das possíveis causas ou dos fatores de risco acima registrados, a deficiência intelectual pode ter ainda como possível causa alguma lesão adquirida no período do desenvolvimento, podendo estar associada a traumas ou lesões diversas, como traumatismo craniano grave, situação na qual se pode considerar a sequela desse evento como causadora de uma das manifestações para o *transtorno neurocognitivo* (APA, 2014), que se apresenta como prejuízo intelectual a partir de perdas previamente adquiridas, ou seja, posterior ao período de formação embrionário e ao período de desenvolvimento considerado normal.

Em síntese, podemos caracterizar a deficiência intelectual como comprometimento significativo no funcionamento intelectual, especialmente quando comparado com a média em geral, com manifestação antes dos 18 anos de idade, além de imaturidade para ações comportamentais e capacidades de interpretação e compreensão dos contextos sociais – prejuízos de metacognição, com idade mental muito abaixo da idade cronológica (comportamento imaturo e infantilizado para a idade), associando tais prejuízos ao comprometimento em duas ou mais áreas das condutas ou habilidades adaptativas responsáveis por nos favorecer a capacidade para uma vida autônoma e independente (capacidade funcional para a comunicação social, independência nos cuidados pessoais ou autocuidado, autonomia para o desempenho das habilidades nos contextos familiares e sociais e uso funcional e autônomo dos serviços disponíveis na comunidade, saúde e segurança, desenvoltura no domínio das habilidades acadêmicas, lazer e trabalho).

Para que não haja equívocos quanto ao entendimento da deficiência intelectual, faz-se importante falarmos sobre o *transtorno específico da aprendizagem*. Como o próprio nome implica, ele é diagnosticado diante de déficits específicos na capacidade individual para perceber ou processar informações com eficiência e precisão. Esse transtorno do neurodesenvolvimento manifesta-se, inicialmente, durante os anos de escolaridade formal, caracterizando-se por dificuldades persistentes nas habilidades básicas acadêmicas de leitura, escrita e/ou matemática. O desempenho individual nas habilidades acadêmicas afetadas está bastante abaixo da média para a idade, ou níveis de desempenho aceitáveis são atingidos somente com esforço extraordinário (APA, 2014).

De acordo com o Manual Diagnóstico e Estatístico dos Transtornos Mentais – 5. ed. – capítulo "Transtornos do neurodesenvolvimento" (APA, 2014), os transtornos específicos da aprendizagem são de origem neurobiológica, que estão na base das anormalidades, especialmente no nível cognitivo, e também associados às manifestações comportamentais. A origem neurobiológica inclui uma combinação de fatores genéticos, epigenéticos e ambientais, ou multifatoriais, que, de forma direta ou indireta, influenciam na capacidade de funcionamento do cérebro para perceber ou processar informações verbais ou não verbais com eficiência e exatidão.

Nesse contexto, segundo a Associação Americana de Psiquiatria – APA (APA, 2014), alguns critérios são importantes e determinantes para a classificação e caracterização coerente e inequívoca desse quadro diagnóstico segundo o DSM-5:

a) Dificuldades persistentes para aprender as habilidades acadêmicas fundamentais para o processo de ensino e aprendizagem, as quais têm início ainda durante os anos de escolarização formal, o que, por sua vez, chamamos de período de desenvolvimento.

Nessas habilidades acadêmicas básicas estão incluídas a precisão na capacidade de realização de leitura com exatidão e fluência de palavras isoladas, boa compreensão da leitura e da expressão da escrita e ortografia, significativa capacidade para realização de cálculos aritméticos e de raciocínio lógico matemático (solução de problemas matemáticos com boa capacidade para elaboração de estratégias de resolução) (APA, 2014).

É importante entendermos que, diferentemente de outras aquisições para o desenvolvimento global que dependem do processo de maturação cerebral para acontecer, as chamadas habilidades acadêmicas, que se referem à capacidade fluente de leitura, ortografia, escrita e matemática, devem e precisam ser ensinadas e aprendidas de forma explícita. Portanto, o foco escolar para os modelos de ensino e aprendizagem não pode mais estar em ensinar a partir de uma estratégia específica, mas sim através da observação de como cada aprendente desenvolve essa capacidade de abstração das informações apresentadas, para que, em seguida, o educador possa e tenha condições de adequar ou flexibilizar estratégias que atendam pontualmente a cada aprendente em sua diversidade.

Nesse contexto, não devemos e não podemos associar o processo de aprendizagem acadêmica em prejuízo apenas à falta de oportunidades ou à falta de acesso à escola comum, muito menos aos sistemas de ensino, por muitas vezes serem considerados inadequados para essa demanda de alunos, que cada vez mais se fazem presentes nesses espaços e que nem sempre recebem suportes adequados às suas condições, o que pode em muitos casos levar à evasão ou abandono escolar.

Os transtornos específicos da aprendizagem (dislexia, disgrafia, disortorgrafia e discalculia ou até mesmo a hiperlexia), por sua própria natureza neurobiológica, perturbam o processo natural de aprendizagem das habilidades acadêmicas, pois, nesse sentido, representam falhas no funcionamento cerebral, em áreas específicas, principalmente para a realização funcional dos subdomínios das funções executivas, que se refletem em dificuldades para o domínio dessas habilidades acadêmicas básicas em diversos contextos disciplinares e conteudistas.

A dificuldade referente ao processo natural de aprender a discriminar e associar letras, a correlacionar letras a sons do próprio idioma, a ler palavras impressas (comumente chamada de dislexia), é uma das manifestações mais comuns dos transtornos específicos da aprendizagem, que já chamamos em épocas anteriores de simplesmente *dificuldades de aprendizagem* e que não têm nenhuma relação com deficiência intelectual.

As dificuldades nesse processo de aprendizagem manifestam-se com uma infinidade de comportamentos inadequados ou sintomas descritivos e claramente observáveis. Esse grupo de sintomas clínicos pode ser observado e investigado com maior profundidade e entendimento por entrevistas clínicas (anamnese), entrevistas institucionais e familiares ou simplesmente confirmado pelo professor de sala de aula comum, a partir de relatórios escolares, que em muitas situações também devem e são utilizados como ferramentas de registros para classificação de avaliação e/ou registros de observação, ou ainda por escalas classificatórias, relatos em avaliações educacionais ou psicológicas.

Os transtornos específicos da aprendizagem devem ser entendidos como quadros persistentes e não transitórios.

Entendendo-se persistência como um limitado progresso na aprendizagem durante pelo menos 6 meses, apesar de terem sido proporcionadas diversas ajudas adicionais em casa ou nos espaços escolares, e, ainda assim, se apresentarem dificuldades em atividades simples diante dessas habilidades em déficit.

As evidências dessas dificuldades persistentes nos processos de aprendizagem são detectadas em relatórios escolares cumulativos, portfólios de trabalhos da criança avaliados, medidas baseadas no currículo ou entrevista clínica.

Nos adultos, dificuldade persistente refere-se a dificuldades contínuas no letramento ou no raciocínio lógico matemático, as quais persistirão ao longo de toda a sua vida, mesmo com todas as estratégias de manejo por eles adotadas como forma de resolver isso.

b) Habilidades acadêmicas afetadas, com nível bem abaixo da média em geral para a idade, onde se percebe que a atuação conseguida é mantida apenas por níveis extraordinariamente elevados de esforço mental ou apoio estratégico, o que pode levar a prejuízos no desempenho escolar global ou ainda a situações de evitação de atividades voltadas a esse contexto, que se refletirá em etapas da vida adulta, interferindo na vida pessoal e profissional.

c) Esses prejuízos no processo de aprendizagem já podem ser aparentes na maioria dos indivíduos ainda nos primeiros anos escolares. Entretanto, em outros, as dificuldades de aprendizagem podem não se manifestar plenamente até os anos escolares mais tardios, período em que as demandas de aprendizagem e as demandas sociais e familiares aumentam e excedem as capacidades individuais limitadas.

d) Vale salientar que uma característica diagnóstica fundamental é a de que essas dificuldades de aprendizagem sejam consideradas "específicas", restritas a condições especiais por vários motivos:

- elas não têm nenhuma relação com as deficiências intelectuais (deficiência intelectual [transtorno do desenvolvimento intelectual]); atraso global do desenvolvimento; deficiências auditivas ou visuais; ou com problemas neurológicos ou motores;
- esses prejuízos específicos na aprendizagem não podem e não devem ser atribuídos a fatores externos, como desvantagem socioeconômica, ambiental ou familiar, problemas ou conflitos familiares, ou ainda falta de oportunização para ingresso escolar na idade certa;
- essas dificuldades para aprender não podem ser associadas a nenhum transtorno neurológico específico, transtorno motor ou a deficiência visual ou auditiva;

- esse prejuízo de aprendizagem pode se limitar a uma habilidade ou domínio acadêmico, como leitura de palavras isoladas, cometimento de erros sucessivos, prejuízos na leitura do que escreve, capacidade para evocação de informações guardadas na memória operacional ou memória de trabalho.

É primordial lembrarmos que um transtorno específico da aprendizagem só deve ser seguramente diagnosticado após o início do período formal de escolarização, desde que haja evidência de início durante os anos de escolarização formal.

Uma única fonte de coleta de informações não pode ser considerada suficiente para a classificação do diagnóstico de transtorno específico da aprendizagem, pois esse quadro é clínico-observacional e baseia-se na observação do processo de aprendizagem do aluno e suas dificuldades e em diversos relatos familiares e pedagógicos.

Assim, uma investigação segura e confiável deve abranger uma equipe composta por profissionais especialistas nesse assunto e, principalmente, um especialista em avaliação cognitiva, pois essa é uma condição que irá persistir ao longo da vida adulta, podendo ser melhor conduzida ou não por parte desses sujeitos a partir de estratégias prévias orientadas e entendidas como necessárias a seu manejo e adequação às atividades diversas que cada demanda futura irá apresentar (APA, 2014).

É importante frisar que o transtorno específico da aprendizagem pode se apresentar em pessoas cujas capacidades estão dentro das altas habilidades intelectuais, manifestando-se apenas quando as demandas de aprendizagem ou procedimentos de avaliação exigidos impõem-se como barreiras ou obstáculos que não podem ser facilmente vencidos pela inteligência inata ou por algum tipo de estratégia compensatória.

Para todas as pessoas, o transtorno específico da aprendizagem pode acarretar prejuízos duradouros em atividades que dependam das habilidades, inclusive no desempenho profissional, demandando assim suportes e estratégias de manejo por toda a sua vida, porém muito mais funcionais do que em indivíduos desassistidos.

Nesse contexto, vale destacar que as pessoas diagnosticadas com transtornos específicos de aprendizagem, apesar das dificuldades manifestas especificamente em leitura, escrita e raciocínio lógico, e que podem nesse aspecto estar abaixo da média em geral, não possuem prejuízos intelectuais significativos que as comprometam em suas atividades sociais, não apresentam assincronismo entre idade mental e idade cronológica nem déficits significativos nas condutas ou habilidades adaptativas. Elas são funcionalmente independentes, comunicam-se e interagem dentro do padrão esperado, são suficientemente capazes de autocuidar-se, vão e vêm sem dificuldades, fazendo uso de todos os serviços disponíveis nos contextos domiciliares, sociais e comunitários, porém, encontram barreiras desafiadoras quando se deparam com questões voltadas ao domínio fluente para a capacidade de leitura, escrita e desempenho lógico matemático, podendo, dessa forma, comprometer seu pleno desenvolvimento pessoal, social, afetivo e profissional.

Quadro diferencial entre a deficiência intelectual e os transtornos específicos da aprendizagem

Deficiências intelectuais ou transtornos do desenvolvimento intelectual (DSM-5) – (APA, 2014)

Considerados transtorno do neurodesenvolvimento – DSM-5 (APA, 2014)

Subtipos

- Transtorno do desenvolvimento intelectual (deficiência intelectual)
- Deficiência intelectual (transtorno do desenvolvimento intelectual) não especificada
- Atraso global do desenvolvimento

Classificação

- Leve
- Moderada
- Grave
- Profunda

Subtipos – CID-11 (Classificação Estatística Internacional de Doenças e Problemas Relacionados à Saúde) – (OMS, 2018)

6A00 Distúrbios do desenvolvimento intelectual

6A00.0 Desordem do desenvolvimento intelectual, leve

6A00.1 Desordem do desenvolvimento intelectual, moderado

6A00.2 Desordem do desenvolvimento intelectual, grave

6A00.3 Desordem do desenvolvimento intelectual, profunda

6A00.4 Desordem do desenvolvimento intelectual, provisório

6A00.Z Transtornos do desenvolvimento intelectual, não especificado

Necessita de suporte multidisciplinar especializado que promova estratégias interventivas favoráveis a seu pleno desenvolvimento, especialmente suporte médico, terapêutico ocupacional, fonoaudiológico, fisioterápico, pedagógico, psicopedagógico, neuropsicopedagógico, nutricional, psicomotor.

Pode apresentar comorbidades que tornarão o quadro global mais comprometido.

Para a classificação diagnóstica, deve-se preencher os três critérios a seguir:

A. Déficits em funções intelectuais;

B. Déficits em funções adaptativas;

C. Início dos déficits intelectuais e adaptativos durante o período do desenvolvimento.

Apresenta comprometimento significativo no funcionamento intelectual, especialmente quando comparados com a média em geral, além de prejuízos adaptativos.

Apresenta problemas de *inteligência* e de *cognição*.

Apresenta dificuldades significativas de aprendizagem na escola, que já podem ser percebidas desde muito cedo.

Apresenta prejuízos em duas ou mais áreas das condutas ou habilidades adaptativas.

1. Transtornos específicos da aprendizagem (DSM-5) — (APA, 2014)

Considerados um transtorno do neurodesenvolvimento — DSM-5 (APA, 2014)

Subtipos

- Dislexia
- Disgrafia
- Disortografia
- Discalculia

Classificação

- Leve
- Moderada
- Grave

Subtipos — CID-11 (Classificação Estatística Internacional de Doenças e Problemas Relacionados à Saúde) — (OMS, 2018)

6A03   Transtorno do aprendizado do desenvolvimento

6A03.0   Transtorno de aprendizagem desenvolvimental com prejuízo na leitura

6A03.1   Transtorno do aprendizado do desenvolvimento com comprometimento da expressão escrita

6A03.2   Transtorno do aprendizado do desenvolvimento com comprometimento da matemática

6A03.3 Transtorno de aprendizagem desenvolvimental com outro comprometimento específico da aprendizagem

6A03.Z Transtorno do aprendizado do desenvolvimento, não especificado

Necessita de suporte multidisciplinar especializado que promova estratégias interventivas favoráveis ao seu pleno desenvolvimento, especialmente abordagens pedagógica, psicopedagógica, neuropsicopedagógica, fonoaudiológica, terapêutica ocupacional, psicológica... (dependendo de como cada caso se apresenta).

Pode apresentar comorbidades que tornarão o quadro global mais comprometido.

Para a classificação diagnóstica, deve-se preencher os quatro critérios a seguir:

A. Dificuldades na aprendizagem e no uso das habilidades acadêmicas;

B. As habilidades acadêmicas afetadas devem estar substancialmente abaixo do esperado para sua idade cronológica, causando prejuízos em seu desempenho;

C. As dificuldades de aprendizagem iniciam-se durante os anos escolares, mas podem não se manifestar completamente;

D. As dificuldades de aprendizagem não podem ser explicadas por deficiência intelectual ou outras condições neurológicas.

Apresenta déficits específicos na capacidade individual para perceber ou processar informações acadêmicas com eficiência e precisão, sem prejuízos adaptativos significativos.

Apresenta problemas de *cognição*, sem prejuízos significativos de *inteligência*. As dificuldades específicas manifestam-se, inicialmente, durante os anos de escolaridade formal.

Não apresenta prejuízos significativos nas condutas ou habilidades adaptativas.

O *FUNCIONAMENTO ADAPTATIVO* envolve raciocínio adaptativo em três domínios: *conceitual, social e prático* (APA, 2014). O *DOMÍNIO CONCEITUAL* (acadêmico) envolve competência em termos de memória, linguagem, leitura, escrita, raciocínio matemático, aquisição de conhecimentos práticos, solução de problemas e julgamento em situações novas, entre outros. O *DOMÍNIO SOCIAL* envolve percepção de pensamentos, sentimentos e experiências dos outros; empatia; habilidades de comunicação interpessoal; habilidades de amizade; julgamento social; entre outros. O *DOMÍNIO PRÁTICO* envolve aprendizagem e autogestão em todos os cenários de vida, inclusive cuidados pessoais, responsabilidades profissionais, controle do dinheiro, recreação, autocontrole comportamental e organização de tarefas escolares e profissionais, entre outros.	*TRANSTORNO ESPECÍFICO DA APRENDIZAGEM* – Esse transtorno é específico do domínio da aprendizagem, não exibindo déficits no comportamento intelectual e adaptativo (APA, 2014).
Apresenta comportamentos emocionalmente imaturos e infantilizados em relação a sua idade cronológica.	Não apresenta comportamentos imaturos e infantilizados em relação à sua idade cronológica.

É dependente ou parcialmente dependente na realização de atividades da vida diária – AVDs e possivelmente em atividades da vida prática – AVPs na vida adulta.	É independente na realização de atividades da vida diária – AVDs e sem prejuízos significativos nas atividades da vida prática – AVPs.
Apresenta prejuízos significativos para a autonomia e vida profissional independente.	Mesmo com algumas dificuldades de ordem acadêmica não apresenta prejuízos significativos para a autonomia e vida profissional.
Por ser considerada um dos tipos de deficiência, faz parte do público-alvo para os serviços de suporte da educação especial na perspectiva da educação inclusiva.	Por NÃO ser considerada deficiência, ainda não faz parte do público-alvo para os serviços de suporte da educação especial na perspectiva da educação inclusiva.
Dependendo do grau de comprometimento intelectual e adaptativo, pode ter direito ao BPC – Benefício de Prestação Continuada, que será concedido a partir de critérios específicos.	Por não apresentar comprometimento intelectual nem adaptativo, não tem direito ao BPC – Benefício de Prestação Continuada.
A LBI – Lei Brasileira de Inclusão da Pessoa com Deficiência – 13.146/2015 – assegura acesso a todos os direitos concedidos às pessoas com deficiência.	A LBI – Lei Brasileira de Inclusão da Pessoa com Deficiência – 13.146/2015 – NÃO assegura acesso a nenhum direito preconizado pela lei, visto não ser considerado deficiência para efeito legal.
De acordo com a Política Nacional de Educação Especial na Perspectiva da Educação Inclusiva, as escolas devem assegurar adequações e flexibilizações curriculares que favoreçam o processo inclusivo de qualidade.	Ainda encontra grande resistência por parte das unidades escolares e dos professores em buscar por estratégias que favoreçam o acesso ao saber de forma adequada e estruturada às suas particularidades.
Ao longo da vida, pode necessitar de tutores que venham a responder legalmente por ele.	Mesmo com algumas dificuldades persistentes nas habilidades acadêmicas, na vida adulta não necessita de tutores que respondam legalmente por ele, pois é independente.

Orientações e sugestões interventivas

Conforme apresentado de forma clara pelo Manual Diagnóstico e Estatístico dos Transtornos Mentais (DSM-5) e por outros estudos acerca dessa temática, é comum observarmos, em crianças, adolescentes e adultos com deficiência intelectual, dificuldades com graus de prejuízos variáveis desde tenra idade, especialmente quando observados em seu desenvolvimento global. Alguns pontos merecem destaque especial, pois favorecem melhor norteamento para as possíveis estratégias interventivas:

1. Crianças com problemas no neurodesenvolvimento, especialmente nas habilidades cognitivas ou funções cognitivas superiores, podem desde muito cedo apresentar atrasos pontuais em etapas básicas do seu desenvolvimento neuropsicomotor, apresentando sinais de que algo não vai bem. Portanto, vale destacar a importância do conhecimento acerca das etapas do desenvolvimento infantil e da temática em questão por parte de educadores e demais profissionais envolvidos, pois, dessa forma, será mais fácil o correto encaminhamento por parte do professor para uma avaliação neuropediátrica e possível definição diagnóstica precoce, auxiliando, assim, a família no processo de buscar por espaços que garantam as ferramentas de intervenção necessárias para a estimulação precoce, fundamental para esses casos.

2. A curiosidade é um traço muito marcante na infância, o que favorece as aprendizagens sistemáticas e assistemáticas, que são construídas em espaços formais e não formais de aprendizagem. Nesse caso, as crianças podem apresentar

prejuízos nesses interesses ou relativo desinteresse, demonstrando muitas vezes apatia, indiferença, falta de iniciativa ou de envolvimento, estando em muitos momentos alheias ao ambiente onde se encontram, o que pode prejudicar as leituras de mundo e a comunicação social (Braga, 2018).

3. É natural que as crianças aos poucos busquem por outras redes relacionais e, assim, saiam debaixo das asas de seus pais, principalmente pela curiosidade crescente, que é natural e que as faz querer descobrir como o mundo funciona. Mas esse afastamento não pode ser intenso, a ponto de isolarem-se de forma significativa, pois isso pode representar sofrimento psíquico ou tendências a quadros de alterações afetivas, e merece ser investigado.

4. Ao final da educação infantil, a criança já demonstra um grande repertório de novos saberes, pois é o momento de ingressar na vida escolar propriamente dita. Logo, se ela chegou ao final dessa etapa com grandes limitações acadêmicas, como, por exemplo, prejuízos significativos no processo de aquisição das habilidades básicas para a alfabetização, raciocínio lógico matemático e ainda um repertório vocabular pobre, faz-se importante consultar profissionais especializados para identificar alguns desses sintomas que apontem para a deficiência intelectual. Dentre as situações que merecem destaque especial, estão:

a) confusão no uso e entendimento de palavras que indiquem compreensão para orientação espacial (dentro/fora, em cima/embaixo, na frente/atrás, direita/esquerda, aqui/ali, perto/longe, aberto/fechado...);

b) dificuldades no domínio psicomotor para coordenação motora ampla/grossa (ou seja, tropeça com facilidade durante a marcha e demonstra desequilíbrio dinâmico e estático, bate com frequência nas coisas e apresenta-se descoordenada em atividades simples, cai com frequência, dando sinais de alterações vestibulares e prejuízos na consciência corporal e proprioceptividade, dificuldades em correr, pular com os dois pés, com um só pé, saltar de forma coordenada...);

c) dificuldades no domínio psicomotor para coordenação motora fina (não conseguir segurar com segurança e precisão o lápis para a realização da escrita fluente, demonstrar problemas na coordenação motora para o uso funcional da tesoura, dificuldade para uma preensão adequada para a escrita, dificuldades no uso de utensílios necessários para atividades da vida diária...);

d) apresenta dificuldades ou prejuízos sensoperceptivos para a discriminação de cores, letras, números, formas geométricas ou, ainda, tem acentuados problemas na associação dessas cores, letras, sons e palavras, dificuldades na seriação das letras, na sequenciação numérica, na contagem ou na memorização de fatos numéricos (quantos anos tem, diferenças em quantidades...);

e) demonstra dificuldades na aprendizagem de músicas infantis com rimas, melodias simples, mesmo aquelas tão repetidas nos espaços escolares e domiciliares;

f) encontra problemas para emitir palavras ou frases simples, como, por exemplo, emissão de frases com erros de pronúncia de algumas palavras simples...

5. É habitual, em muitos casos de prejuízos intelectuais, queixas por parte da criança em relação a dores abdominais, dores de ouvido, dores de garganta, fadiga. Logo, vale consultar um profissional médico para averiguação de condições diversas, pois, em muitos casos, isso representa causas emocionais ou quadros diagnósticos comórbidos.

6. É comum e natural na infância que a criança sinta medo, pois isso está também relacionado às descobertas sobre o mundo. Porém, se os medos são recorrentes e muitas vezes sem razão aparente, eles podem prejudicar o seu processo natural de aprendizagem, os momentos de lazer e a socialização ou, até mesmo, interferir em outras atividades por ela realizada, portanto, vale investigar.

7. Faz parte da construção da personalidade o controle das emoções e impulsos, controle inibitório – que é um subdomínio das funções executivas realizadas pelo perfeito funcionamento do córtex pré-frontal (Citó, 2015). Isso nos torna seres socialmente ajustados às demandas do meio. Porém, quando esse controle emocional apresenta-se prejudicado e leva a quadros frequentes de irritabilidade e agressividade, ou, ainda, há dificuldades no autocontrole, podendo machucar outras pessoas, machucar-se e ainda causar problemas relacionais de interação e socialização, tanto na esfera familiar como escolar, vale destacar esse ponto em especial como um sinal de alerta para prejuízos de funcionamento cerebral.

8. Mudanças súbitas, inesperadas e sem razão aparente no padrão alimentar da criança (para mais ou para menos),

podem representar diversas possibilidades, dentre elas problemas de ordem física ou emocional, desconto sensorial e tantas outras situações que merecem atenção especial.

9. Algumas habilidades globais naturalmente construídas durante a infância pelas experiências e experimentações espontâneas não costumam ser esquecidas ou desaprendidas ao longo da vida. Portanto, se habilidades como empilhar blocos, andar de bicicleta, ler, escrever, calcular ou até mesmo o processo de aquisição de fala e comunicação, que foram anteriormente aprendidos e construídos, estão evidenciando regressão, faz-se importante uma avaliação criteriosa por uma equipe multidisciplinar.

10. É natural que encontremos em qualquer criança uma efervescência de atividades e energias. Logo, letargia, passividade ou sinais súbitos de cansaço e desinteresse não são e não podem ser considerados naturais na infância. Merecem criteriosa investigação, para, assim, propormos estratégias de estimulação e uma correta orientação familiar.

11. Ainda no contexto escolar, algumas situações merecem atenção especial por parte do professor de sala de aula comum, pois, de forma orientada, ele pode vislumbrar diversas e significativas adequações curriculares que farão grande diferença no pleno desenvolvimento desses aprendentes. Fique atento a:

a) dificuldades na capacidade de resolução de problemas, até mesmo os de ordem simples;

b) prejuízos nos níveis de compreensão, especialmente em relação a pensamentos e ideias abstratas (como piadas, duplo sentido, ironias, sarcasmos, metáforas, noção de espaço e tempo, representação de valores monetários...);

c) dificuldades em estabelecer e manter relações sociais sólidas, principalmente pela imaturidade e prejuízos de compreensão para sutilezas sociais e relacionais;

d) dificuldades para compreender e obedecer a comandos e regras sociais, regras de jogos, ganhar e perder, começo, meio e fim...;

e) dificuldades para a realização de atividades da vida diária (AVDs), como vestir-se, despir-se, ir e vir, preparar o próprio alimento e comer sozinho, escovar os dentes, banhar-se, higienizar-se etc.;

f) dificuldades na organização de um conjunto coerente de ideias abstratas para realizar discursos e argumentação ou defesas diante de situações inusitadas...

Diante de sucessivas dificuldades, faz-se necessário que pessoas com deficiência intelectual sejam precoce e continuamente estimuladas para que, assim, adquiram ganhos significativos para a promoção de suas capacidades de autonomia e independência (*Revista Nova Escola*, 2014).

Portanto, algumas orientações serão importantes para a família e para os profissionais que atendem diretamente esse público em seus espaços clínicos ou institucionais.

- Para cada caso em particular, faz-se necessário a elaboração de um plano de desenvolvimento individual que contemple os dados de identificação desse aprendente e todas as informações necessárias, para, assim, melhor conduzi-lo em seu processo de aprendizagem: nome, data de nascimento, filiação, escola, modalidade de ensino, informações médicas e terapêuticas, relatos de seus pais sobre as dificuldades e potencialidades desse indivíduo e as expectativas do grupo familiar.

- De posse desses dados, o professor pode buscar por adequações que atendam particularmente a esse aprendente e, assim, garantir seu processo de ensino e aprendizagem com possível êxito.

- O aprendente com prejuízos intelectuais e adaptativos significativos normalmente precisa de muita prática ou de máxima repetição e experimentação dos conteúdos para melhor assimilá-los. Logo, o professor não se deve sentir refém do currículo comum, pois, nesse sentido, ele tem autoridade suficiente para flexibilizar todas as usas estratégias para melhor atender as necessidades específicas de cada aluno, ao que chamamos de adaptações ou adequações curriculares de pequeno porte, que dependem única e exclusivamente da ação e iniciativa do professor.

- O professor precisa respeitar o tempo e o ritmo de seus aprendentes, pois muitos podem se cansar mais rapidamente, perdendo a atenção e o interesse com mais facilidade, e muitas vezes necessitando de ajuda para continuar executando as tarefas, mesmo as mais simples. Respeitando essa forma particular de aprender, o professor estará garantindo que cada um tenha a possibilidade de evoluir, por menor que esse sucesso possa parecer.

- Observe que tipo de aprendiz é o seu aluno e como esse aprendiz melhor apreende ou assimila os conteúdos e ensinamentos apresentados. Dependendo de como cada um se apresenta, as propostas de condução do processo de ensino e aprendizagem devem ser modificadas, ou seja:

a) alunos mais *visuais* (o que representa a grande maioria das pessoas com deficiência intelectual e autismo) necessitam de cartões com imagens ou figuras que sirvam de sinalizador para sua orientação e compreensão, especialmente porque ainda se encontram na fase da aprendizagem pelo concreto, principalmente para contagem, seriação, sequenciação, passo a passo de rotinas e atividades do dia a dia, realização de tarefas diárias (Serrano, 2016);

b) alunos mais *auditivos* aprendem mais facilmente pela verbalização, logo, é extremamente importante o uso de recursos audiovisuais, atividades de contação de história, gravação de trechos de livros e histórias que lhes sejam interessantes, música e recursos musicais...

c) alunos com mais facilidade para *cinestesia* necessitam ter acesso e tocar os objetos, pois, dessa forma, melhor abstraem o que é proposto. Portanto, vale destacar o uso de recursos táteis, como álbuns sensoriais, recursos lúdicos com texturas diferentes, temperaturas, pesos, porque isso facilita a aprendizagem, habituação e adaptabilidade social.

- Nas dificuldades voltadas à compreensão e interpretação de conteúdos abstratos trabalhados em sala de aula, faz-se necessária a elaboração de estratégias estruturadas e diferenciadas por parte do professor e dos profissionais dos atendimentos, especialmente as estratégias que objetivem a diversificação na forma de apresentação das aulas e das atividades e avaliações propostas. É preciso buscar sempre relacionar cada conteúdo trabalhado a questões de ordem prática vivenciadas no cotidiano de cada aprendente, apresentando sempre situações reais e concretas que reforcem as apresentações teóricas, pois, assim, pode-se ampliar as capacidades de representação mental e do processo de abstração – isso é aprendizagem significativa.

- Pode-se elaborar atividades práticas que favoreçam, a partir do concreto, situações vivenciadas por cada aprendente, promovendo, nesse sentido, a verdadeira aprendizagem significativa.
- Nas atividades de facilitação dos processos de leitura, escrita e construção de ferramentas para a fala, comunicação e interação social, é importante que mais uma vez se lance mão de atividades concretas e visuais, pois, dessa forma, o registro mental dessas informações torna-se melhor abstraído por parte dos aprendentes com prejuízos intelectuais e adaptativos, especialmente no tocante à memória operacional ou memória de trabalho (Braga, 2018).
- As nossas falas e abordagens teóricas precisam fazer sentido para esse público, e, mais do que isso, precisam ter elementos de atração que o conquiste pelos seus interesses particularizados. Portanto, o que se fala e o que se escreve deve ter uma relação de proximidade com representatividade.

- Mais uma vez, reforçamos a importância do uso de recursos visuais como elementos de fixação para informações que se considerem relevantes, como o uso de fichas com nome próprio, sinalizadores de recursos, sinalizadores de espaços, cartões com figuras e palavras, representações simbólicas e seus significados.

- Em sala de aula ou nas abordagens de intervenções específicas, a estimulação para a oralidade deve ser sempre colocada em destaque e continuamente estimulada, mesmo com indivíduos considerados não verbais, e, para isso, muitos recursos sonoros podem ser de grande valia, utilizando-se de músicas, sonorizações, brincadeiras orais e imitações de sons de animais ou a reprodução de sons diversos, contação de história, leituras com entonação diversificada, leituras de poemas e parlendas.

- Após a contação de história, é interessante que se possa estimular cada aluno a recontar a história do seu jeito ou a contar outras histórias que ele ache importante, ou, ainda, convidá-lo a participar das histórias que estão sendo apresentadas pelo profissional.

- Favorecer o encorajamento dos alunos com prejuízos intelectuais e principalmente com dificuldades a se colocar ou emitir opiniões é de extrema importância para conquistas diversas, pois isso também contribui com a autoconfiança, o processo de interação e a sociabilidade.

- Em momentos pontuais, utilize-se desse aluno ou paciente com prejuízos de fala, comunicação e abstração para levar recados ou solicitar materiais de que você necessita, pois, assim, ele pode gerar novas possibilidades socializadoras e promotoras do processo de comunicação social, que é o uso da fala ou de qualquer outra forma de comunicação não verbal como elemento de comunicação social que garanta a socialização e as interações diversas.

- A estruturação dos espaços para a realização de atividades e a organização adaptada ou adequada para cada caso em particular se farão sempre necessárias. Pessoas com prejuízos intelectuais se organizam melhor quando os espaços domiciliares, de aulas e de atendimentos estão mais bem planejados e sem grandes mudanças desnecessárias, favorecendo, assim, a criação de rotinas em seu dia a dia. Isso lhes oportuniza a compreensão e coerência nas tarefas que realizarão e, consequentemente, a gradativa abstração de regras de organização e adequação social.

- Para cada estratégia de intervenção, deve ser realizada uma avaliação particular, que dará ao profissional um norte para a elaboração de seu plano de atendimento individualizado, seja nas abordagens clínicas, seja nas abordagens institucionais de Atendimento Educacional Especializado (AEE). Esse plano individualizado deve conter sugestões de atividades e de recursos que possivelmente serão utilizados para que se alcancem os objetivos propostos, seja a curto, médio ou longo prazo.

- As avaliações realizadas ao final de cada período escolar devem estar adaptadas à realidade de cada aprendente, de maneira que se possa respeitar cada forma e cada manifestação de aprendizagem (isso é um direito legítimo e que merece ser respeitado):

a) avaliações orais para alunos auditivos que ainda não consigam realizar as atividades como os demais ou, ainda, para alunos com dificuldades na motricidade ou no uso funcional do lápis para o processo da escrita;

b) avaliações com auxílio de recursos táteis para alunos com maior facilidade para a cinestesia;

c) avaliações com figuras, imagens ou fotos para alunos com mais facilidade para a aprendizagem visual;

d) não devemos deixar o aluno com deficiência intelectual de fora das demais atividades comuns a todos os alunos, independentemente de como ele melhor aprende, pois, assim, estaremos facilitando o seu processo de interação social, sociabilidade e aprendizagem pelas trocas e oportunizações. Além do mais, isso também beneficiará os demais alunos na aceitação do outro como diferente e diverso enquanto sujeito, garantindo, assim, a possibilidade de criarmos adultos que respeitem a diversidade e tenham valores morais e humanos favoráveis ao processo inclusivo.

- A aplicação dessas atividades deve seguir uma lógica de execução, jamais iniciando com atividades de alta complexidade nem de fácil execução, pois isso pode desmotivar o sujeito em atendimento. Portanto, busque a gradação dessas atividades começando com tarefas de execução mediana, para que aos poucos se possam ampliar seus níveis de complexidade.

- A validação positiva deve ser uma ferramenta constante nessas abordagens, mas é preciso ter cuidado para não exagerar e acabar gerando comportamentos viciosos nesse sentido.

- O uso do computador, do tablet e do celular pode ser de grande valia, mas precisa ser devidamente analisado e conduzido naquilo que se quer propor ou atingir, pois, de forma demasiada, pode gerar resistência por parte do sujeito em atendimento, e, assim, outras propostas de intervenção podem vir a falhar. A mesma orientação deve ser repassada e cobrada da família, pois comportamentos desse tipo, em casa, podem ser barreiras que dificultam estratégias.

- Ofereça a cada orientação de atividade uma instrução por vez e sempre de forma clara, direta e objetiva, pois assim será melhor compreendida e executada com sucesso pelo aprendente.

- Aprenda também a esperar e dê tempo ao aluno para que ele possa processar e responder com sucesso a seus comandos e orientações em geral, pois cada pessoa tem um tempo, um ritmo e uma forma muito particular de funcionamento, e isso não a diminui.

- Repita quantas vezes for necessário e de forma paciente e individual para o aluno qualquer informação ou instrução que foi dada à classe como um todo, pois talvez a pessoa com prejuízo intelectual leve mais tempo para processar e abstrair essas informações, por mais simples que nos pareçam (Instituto Brasil Inclusão, 2008).

- Sempre que possível, principalmente em sala de aula, apresente a mesma informação de diferentes formas, pois assim você poderá atingir a turma como um todo. Faça uso de materiais lúdicos e atrativos e, se possível, observe os interesses que demandam da turma.

- Ambientes estruturados, com sinalização clara e de fácil acesso sobre rotinas, calendários de aulas e regras de convívio social e escolar fazem a grande diferença para a organização de pessoas com prejuízos intelectuais; logo, é interessante que se explique.

- Observe se seu aluno com prejuízo intelectual está orientado sobre a dinâmica das aulas e se ele sabe como localizar seu material de uso para aquela aula e dia específicos.

- Alunos com deficiência intelectual, autismo ou qualquer outro quadro de alteração comportamental e intelectual precisam se organizar fazendo uso da antecipação de situações relativas a mudanças, pois, assim, podem criar melhores possibilidades de reorganização e monitoramento comportamental, e, também, podem se adaptar mais facilmente a essas mudanças e ao meio. As mesmas orientações devem ser partilhadas com os pais ou responsáveis, pois a evolução desses indivíduos depende da continuidade disso em ambientes domiciliar e social.

- Para garantir melhor adaptabilidade social e adequação às regras de convívio, gerando comportamentos favoráveis, faz-se importante que as orientações sobre as regras sejam colocadas de forma clara e que toda a comunidade escolar também participe desse processo. Logo, é importante que se saiba que o aluno com deficiência intelectual deve obedecer às regras como qualquer outro, porém, que requer um tempo diferenciado para assimilação dessas regras.

- Comportamentos inapropriados devem ser partilhados com a família para que, assim, as mesmas regras do espaço escolar sejam reforçadas nos espaços domiciliares. Sempre busque identificar o que tem provocado as mudanças de comportamentos e os porquês dessas mudanças.
- Apresente comportamentos que sejam promotores de espelho positivo por parte dos aprendentes, e identifique o que gera desconforto ou frustrações para esse aluno e o que é comportamento de birra ou tentativa de chamar a atenção, ou desmodulação sensorial. Isso é importante para mudanças de estratégias.

E para finalizar, mantenha uma relação de parceria com a família, favorecendo trocas de informações reais e de confiança, criando um canal de comunicação direto e rápido, pois a tríade *família – escola – serviços de atendimento* faz a grande diferença na evolução global desse indivíduo.

Não existe tratamento específico para a deficiência intelectual que promova a cura ou a normalização, como se prometia no passado, porém, diversos quadros comórbidos podem ser amenizados com tratamentos medicamentosos e abordagens multidisciplinares, utilizando-se de programas e intervenções específicos dentro de cada área de atuação pontual e/ou atuando conjuntamente. O principal objetivo é a promoção da neuroplasticidade cerebral, levando o sujeito ao desenvolvimento de suas habilidades cognitivas e ao melhor desenvolvimento de suas habilidades adaptativas para uma vida adulta mais funcional.

Capítulo 3

Síndrome de Down e suas particularidades

A Síndrome de Down, quadro diagnóstico popularizado nas últimas décadas, principalmente pela presença marcante dos prejuízos intelectuais e idade mental incompatível com a idade cronológica (deficiência intelectual/transtorno do desenvolvimento intelectual), foi descrita pelo médico inglês Dr. John Langdon Down em 1866 de forma clara e com caracterização muito particularizada para essa condição nosográfica. Mas acredita-se que os primeiros registros dessa condição datam do século VII, em relatos antropológicos referentes às escavações observadas em um crânio saxônico (Pueschel, 1998), que, por sua vez, apresentava-se com diversas modificações estruturais muito singulares, diferentes dos traços de seu povo e comumente vistas em crianças com essa condição particular. Além disso, também é possível encontrar relatos sobre essas características em registros históricos, onde se pode perceber a representação dessa condição diagnóstica em esculturas e pictografias, além de estatuetas esculpidas pela cultura olmeca,[1] onde eram visíveis traços faciais bem característicos e marcantes. Porém, ainda não havia precisão nessas informações de que de fato apontassem para tal condição.

Após a caracterização tão bem definida dessa condição pelo Dr. John Langdon Down, que só foi reconhecida por médicos da Europa a partir do final do século XIX, o quadro nosográfico ganhou o seu sobrenome para intitular a síndrome que tão bem conhecemos na atualidade e que, de acordo com Assumpção (1990), já é considerada a mais frequente associada à deficiência intelectual (transtorno do desenvolvimento intelectual – DSM-5 [APA, 2014]), sendo, assim, responsável por cerca de 20% ou mais dos casos de déficits intelectuais existentes no mundo moderno.

Posterior aos estudos do Dr. John Langdon Down, outras pesquisas foram acontecendo e a cada novo estudo uma nova característica era percebida e agregada a essa síndrome, tornando-a mais familiar.

A *trissomia 21*, popularmente conhecida como *síndrome de Down*, é uma anomalia genética, uma condição cromossômica causada por um cromossomo extra no par 21, ou seja, ao invés de ter dois cromossomos, a pessoa com síndrome de Down possui três, daí chama-se trissomia 21 (Schwartzman, 1999).

---

[1] Cultura pré-colombiana da Mesoamérica e desenvolvida nas regiões tropicais do centro-sul do atual México durante o período pré-clássico, próximo de onde hoje estão localizados os estados mexicanos de Veracruz e Tabasco, no Istmo de Tehuantepec. A cultura olmeca floresceu nesta região aproximadamente entre 1500 e 400 a.C., e crê-se que tenha sido a civilização-mãe de todas as civilizações mesoamericanas que se desenvolveram depois.

Crianças, jovens e adultos com essa síndrome têm características físicas semelhantes e estão sujeitos a associação de diversos outros transtornos do neurodesenvolvimento, como, por exemplo, o Transtorno do Espectro do Autismo (TEA) (Schwartzman, 2011), além de algumas doenças comórbidas, que, por sua vez, podem categorizar esse quadro em níveis diversos de gravidade, não apenas pela condição sindrômica, mas principalmente pela junção de outras situações patológicas que potencializam as dificuldades manifestas pelo quadro.

Normalmente, apresentamos em nossas células 23 pares de cromossomos, somando ao todo 46 cromossomos. Crianças com síndrome de Down, como descrito anteriormente, têm 47 cromossomos, pois têm três cópias do cromossomo 21, ao invés de duas. O que esta cópia extra de cromossomo provocará no organismo irá variar de acordo com a extensão dessa cópia, da genética familiar da criança, além de fatores ambientais e outras tantas probabilidades (Brasil, 2012).

A síndrome de Down pode ocorrer em todas as classes sociais e etnias, e efeitos semelhantes já foram inclusive encontrados e registrados em outras espécies de mamíferos, como chimpanzés e ratos.

A trissomia 21 é um acidente genético que ocorre no momento da concepção em até 95% dos casos de síndrome de Down. Com o avanço da idade materna, estima-se maior probabilidade de gestar um bebê com alterações cromossômicas e tantas outras condições médicas, principalmente em mulheres acima dos 35 anos de idade, que, na atualidade, são consideradas grupo de risco, mesmo com todos os avanços da medicina moderna (Canick, 1992).

Isso acontece porque os folículos que darão origem aos óvulos da mulher já nascem com elas, e células mais velhas têm maiores chances de produzirem erros durante seu processo de divisão, o que pode causar a presença de um cromossomo a mais ou a menos no zigoto.

A síndrome de Down é considerada a disfunção genética mais comum no Brasil e estima-se cerca de 1 caso para cada 800 bebês nascidos. Na maioria dos casos, a síndrome acontece por acaso, pois é um acidente genético, portanto é difícil prevenir a sua ocorrência. Não há culpados por essa condição médica e não há nada que se possa fazer, antes ou durante a gravidez, que possa causar ou preveni-la (Brasil, 2012).

O prognóstico para essa condição tem melhorado a cada década, pois, até 1950, a expectativa de vida era muito baixa, entre 18 e 20 anos, principalmente pelo desconhecimento acerca de suas particularidades e de como intervir para corrigir tais condições comórbidas. Hoje o cenário é outro e a perspectiva de vida para pessoas com síndrome de Down pode chegar a 70 anos ou até mais.

Crianças com síndrome de Down têm deficiência intelectual associada como característica do quadro, que pode apresentar-se em graus de prejuízos variáveis. Além do prejuízo intelectual, algumas características físicas bem específicas merecem destaque (Brasil, 2012):

- olhos amendoados, em virtude da presença de pregas nas pálpebras, que em geral são bem menores em tamanho;
- mãos com uma única prega na palma, em vez de duas, como é o mais comum nas demais pessoas;

- membros superiores (MMSS) e membros inferiores (MMII) em geral mais curtos em relação ao tamanho do tronco, e há uma tendência ao tônus muscular mais fraco (hipotonia muscular ou flacidez muscular generalizada), a língua é protrusa, apresentando-se maior do que o normal pela flacidez muscular. Esse padrão muscular de hipotonia generalizada é um dos principais responsáveis por algumas dificuldades psicomotoras, especialmente para o planejamento motor, além de maior vulnerabilidade para luxações ou subluxações (Serrano, 2015);
- problemas de saúde e de aprendizado também podem vir associados a esse quadro sindrômico, mas há uma variação em suas manifestações de criança para criança;
- algumas complicações podem ser possíveis de se encontrar em alguns casos de síndrome de Down (Brasil, 2012):

a) obstrução das vias respiratórias durante o sono;

b) trauma por compressão da medula espinhal;

c) endocardite;

d) problemas oculares;

e) frequentes infecções auditivas e maiores riscos para outras infecções, ou até mesmo perda da audição;

f) obstrução gastrointestinal;

g) fraqueza dos ossos da parte superior do pescoço...

Cada caso de síndrome de Down é único em sua apresentação, e os sintomas e os sinais podem ser leves, moderados ou severos, portanto, não existe um padrão específico para suas manifestações.

Pessoas com síndrome de Down têm maior risco de apresentar alguns problemas de saúde, como: problemas cardíacos congênitos, problemas respiratórios recorrentes, refluxo esofágico, quadros de otites recorrentes, alterações do sono como as apneias do sono e disfunções da tireoide. Isso explica o fato de serem propensas a sobrepeso ou a obesidade, além de outras condições comórbidas.

A deficiência intelectual, com severas dificuldades no processo de aprendizado, sempre estará presente em pessoas com síndrome de Down, em graus diferentes de criança para criança (Brasil, 2012).

Diagnóstico de síndrome de Down

Para Alves (2007), graças a todos os avanços da medicina moderna, já existem testes que podem obter diversas informações sobre o bebê ainda em vida intrauterina. Esses testes podem ser feitos por meio do cariótipo, que é uma representação do conjunto de cromossomos de uma célula. Eles acontecem a partir da nona semana de gravidez e podem identificar a possibilidade de que o bebê tenha a síndrome de Down. Faz-se uma coleta de uma amostra de sangue materno, do qual são retirados alguns fragmentos de DNA fetal. O teste objetiva rastrear o DNA do bebê para procurar problemas relativos às alterações cromossômicas específicas.

Outros testes estão disponíveis para checar os cromossomos dos bebês. Um deles é o teste do Vilo Coriônico (CVS), que pode ser realizado entre a décima e a décima segunda semana de gravidez; o outro é o teste de aminiocentese, que pode ser feito a partir da décima quinta semana de gravidez. Ambos podem representar riscos para o bebê, pois se trata de procedimentos extremamente invasivos (Rodrigues, 2015).

Depois do nascimento, o diagnóstico clínico é comprovado pelo exame do cariótipo (estudo dos cromossomos), que também irá ajudar a determinar o risco de recorrência dessa alteração em outros filhos do casal, apesar de que essa possibilidade é pouco comum.

As limitações apresentadas por uma criança com síndrome de Down ainda representam um grande desafio para alguns pais, principalmente pela notícia do diagnóstico, que nem sempre chega de forma otimista, o que naturalmente leva o grupo familiar a vivenciar as fases de negação, adaptação e aceitação, tão discutidas ao falarmos de aspectos psicológicos de famílias de pessoas com deficiência e que devem ser tratados com respeito, delicadeza e sensibilidade por nós, profissionais, e por todo o grupo familiar.

Diversos aspectos contribuem para o desenvolvimento satisfatório de uma criança com síndrome de Down, o que muitas vezes compreende a aceitação e o envolvimento familiar no processo de estimulação precoce e principalmente de continuidade por parte desse grupo familiar dos serviços de estimulação realizados para a pessoa com deficiência. Além do que, há os sistemáticos serviços de intervenção de diversos profissionais (equipe multidisciplinar), seja em abordagens clínicas, onde se busca oferecer estimulação precoce desde tenra idade, para assim garantir melhores avanços no tocante à motricidade ampla e fina, tônus muscular, controle cervical e postural, aquisição de esquemas básicos para o desenvolvimento da linguagem e elementos de comunicação social (fala, comunicação e interação social), seja na promoção de autonomia para a realização de atividades da vida diária, tão necessária para a promoção de habilidades adaptativas funcionais para uma vida independente. Além das abordagens clínicas interdisciplinar e multidisciplinar, fazem-se essenciais as ferramentas promotoras de socialização e permanência nos contextos inclusivos que garantam possibilidades de sucesso para o processo de ensino e aprendizagem, como garantias para a alfabetização e letramento, elementos tão fortemente exigidos nos contextos socioeducacionais vigentes.

O médico deverá estar atento aos problemas fisiológicos comumente descritos na literatura, especialmente os de ordem cardiológica e respiratória, que podem em muitos casos causar preocupações já em tenra idade, mas que também podem ser facilmente corrigidos. Muitas vezes é necessária a intervenção de um cirurgião cardíaco para corrigir alguns problemas congênitos advindos da síndrome. As cirurgias, nesse sentido, não são consideradas complicadas ou de grande risco, e têm grande índice de sucesso. A função tireoidiana será sempre controlada e medicada, quando necessário.

Devido ao fato de apresentarem redução do tônus dos órgãos envolvidos com a fala, será também necessária a intervenção de um profissional de fonoaudiologia, para garantir o desenvolvimento da linguagem, a qualidade da fala e da comunicação, o que, por sua vez, favorece o processo de interação social e aprendizagens em contextos formais ou informais de educação (Brasil, 2012).

O fator mais importante para favorecer o bom desenvolvimento e convívio social da criança com síndrome de Down é a garantia de um bom e equilibrado ambiente familiar, pois é nesse espaço de construções afetivas e socializantes, de trocas e compartilhamentos, que muitas das propostas terapêuticas deverão ter continuidade. Essa parceria irá promover a sistemática estimulação da neuroplasticidade cerebral, tão defendida pelas neurociências, especialmente no período considerado como fundamental, que são as chamadas janelas de oportunidades, que podem iniciar já em tenra idade e se estender de forma mais funcional até os 7 anos de idade, quando novas e grandes possibilidades neurais podem de fato acontecer de forma exitosa.

Pais atentos e bem informados, conscientes de seus papéis nesse processo de estimulação, são também capazes de intervir desde cedo nos processos de aprendizagem, nas práticas vocacionais, servindo-se da colaboração de profissionais especializados, quando necessário. O empenho individualizado dos pais, dos professores e dos terapeutas, pode produzir resultados positivos surpreendentes e assim desmistificar alguns equívocos criados em torno dessa síndrome.

Os cuidados com a criança com síndrome de Down envolvem a criação e viabilização de possibilidades para ajudar a crescer, favorecendo situações que estimulem a independência e a autonomia para uma vida mais funcional, bem como o acompanhamento da aprendizagem escolar e socialização, a dedicação ao cuidado da vida diária, de forma natural e espontânea, aceitando e respeitando as limitações individuais. Acima de tudo, é preciso qualificar, valorizar e potencializar cada capacidade que os sujeitos apresentem.

Capítulo 4

Síndromes congênitas do Zika vírus – SCZV

Tornou-se recorrente nos contextos da saúde, da educação e da ação social, o debate, a busca por formação e o aprofundamento nos estudos sobre quadros diagnósticos incomuns, além de surgir uma extrema preocupação com os estudos voltados ao entendimento de alguns quadros sindrômicos, especialmente pelo surgimento ou pelo crescimento assustador de alguns deles, que podem comprometer o processo de desenvolvimento natural de um bebê, desde a sua formação embrionária até etapas mais avançadas de seu desenvolvimento global. Essas condições podem dificultar as aquisições fundamentais para as condutas ou habilidades adaptativas que favoreçam uma vida independente, logo, isso requer um olhar pormenorizado de profissionais dessas áreas, para, assim, minimizarmos os danos advindos desses quadros e assegurarmos que esses sujeitos tenham seus direitos assistidos e uma melhor qualidade de vida (Brasil, 2017).

Zika vírus

Trata-se de um vírus transmitido pelo mosquito *Aedes aegypti*, o mesmo mosquito transmissor da dengue e da febre chikungunya. Esse vírus em questão teve sua primeira aparição registrada por volta de 1947, quando foi encontrado em macacos na Floresta Zika, em Uganda, porém, somente em 1954, na Nigéria, é que foram registradas as primeiras contaminações em seres humanos associadas a esse mosquito (Brasil, 2017).

Em 2007, o vírus Zika atingiu a Oceania e, em 2013, chegou à região da França. No Brasil, foram notificados oficialmente os primeiros casos de Zika vírus no ano de 2015, no Rio Grande do Norte e na Bahia, o que trouxe um sinal de alerta a partir dos sucessivos quadros de prejuízos neurológicos registrados e possivelmente associados ao Zika (Who, 2016).

Apesar de a doença ter chegado ao Brasil, até então ela não era ainda considerada uma preocupação tão grande, se comparada aos inúmeros casos já registrados de dengue, uma vez que seus sintomas são brandos e se manifestam em um tempo relativamente curto. Os maiores incômodos advindos do quadro são *febre baixa, coceira* e *comichão na pele,* causando um *discreto desconforto,* além de *manchas avermelhadas.* Porém, é importante ficar atento às contaminações combinadas – dengue, febre chikungunya e Zika vírus –, uma vez que os efeitos dessas infecções em conjunto não são ainda bem conhecidos e as sequelas continuam a acontecer de forma diversificada de pessoa para pessoa (Who, 2016).

O contágio pelo vírus ZIKV se dá pelo mosquito, que, após picar alguém contaminado, pode transportar o ZIKV durante toda a sua vida, transmitindo a doença para uma população que ainda não possui anticorpos contra ele.

O ciclo de transmissão ocorre do seguinte modo: a fêmea deposita seus ovos em recipientes com água; ao saírem dos ovos, as larvas vivem na água por cerca de uma semana e, após este período, transformam-se em mosquitos adultos, prontos para picar as pessoas.

O *Aedes aegypti* procria em uma velocidade muito rápida, e o mosquito adulto vive em média 45 dias. Uma vez que o indivíduo é picado, demora, no geral, de 3 a 12 dias para o Zika vírus causar os sintomas.

A transmissão do ZIKV raramente ocorre em temperaturas abaixo de 16°C, sendo que a temperatura mais propícia gira em torno de 30º a 32°C – é por isso que normalmente ele se desenvolve em áreas tropicais e subtropicais com maior facilidade. A fêmea coloca os ovos em condições adequadas (lugar quente e úmido), e em 48 horas o embrião já se desenvolve.

É importante lembrar que os ovos que carregam o embrião do mosquito transmissor do Zika vírus podem suportar até um ano de seca e ainda serem transportados por longas distâncias, grudados nas bordas dos recipientes, aguardando um ambiente úmido para melhor se desenvolverem. Essa é uma das razões para a difícil erradicação do mosquito.

Dez dias em média é o tempo para que o mosquito passe da fase do ovo até a fase adulta. Logo após se tornarem adultos, no primeiro ou no segundo dia, já estão prontos para acasalar e, assim, promover um novo ciclo reprodutivo. Depois, as fêmeas passam a se alimentar de sangue, que possui as proteínas necessárias para o desenvolvimento dos ovos.

O mosquito *Aedes aegypti* mede menos de um centímetro, apresentando aparência inofensiva, na cor café ou preta e listras brancas no corpo e nas pernas. Habitualmente pica nas primeiras horas da manhã e nas últimas horas da tarde, evitando assim exposição ao sol forte. No entanto, mesmo nas horas quentes, ele pode atacar à sombra, dentro ou fora de casa. Há suspeitas de que alguns também ataquem durante a noite. O indivíduo não percebe a picada, pois não dói nem coça no momento. Por ser um mosquito que voa baixo – até dois metros de altura –, é comum ele picar nos joelhos, panturrilhas e pés, áreas de maior facilidade e predileção (Magalhães, 2016).

Os sinais de infecção pelo Zika vírus são parecidos com os sintomas manifestos pela dengue, e começam de 3 a 12 dias após a picada do mosquito (Brasil, 2015). Os sintomas de Zika vírus são:

- febre baixa (variando entre 37,8 e 38,5 graus);
- dores articulares (artralgia), mais frequentemente nas articulações das mãos e dos pés, com possível presença de inchaço;
- dor muscular (mialgia);
- dor de cabeça e principalmente dor atrás dos olhos;
- erupções cutâneas (exantemas), acompanhadas de coceira, que podem afetar o rosto, o tronco e alcançar membros periféricos, como mãos e pés.

Alguns sintomas mais raros de infecção pelo vírus incluem: dor abdominal, diarreia, constipação, fotofobia e conjuntivite, além de pequenas úlceras na mucosa oral (Brasil, 2015).

Se existe alguma suspeita de infecção por Zika vírus a partir de um quadro sintomático específico, é aconselhável que se vá direto ao hospital ou clínica de saúde mais próxima. O diagnóstico deverá ser feito por meio de análise clínica e de exame sorológico (de sangue). A partir de uma amostra de sangue, os especialistas buscam a presença de anticorpos específicos para combater o Zika vírus no sangue. Isso indicará que a doença está circulando pelo seu corpo e que o organismo está tentando combatê-la (Brasil, 2015).

Para diferenciar a infecção por vírus Zika de outros quadros como a febre chikungunya e a dengue, outros exames podem ser solicitados pelo médico, como os testes de coagulação, eletrólitos, hematócrito, enzimas do fígado, contagem de plaquetas e raio X do tórax para demonstrar efusões pleurais.

O tratamento é sintomático, isso quer dizer que não existe uma forma de tratamento específica, o que se propõe são alternativas para o alívio dos sintomas.

Para minimizar a transmissão do vírus, os pacientes devem ser mantidos sob mosquiteiros durante o estado febril, evitando ser picado por algum mosquito *Aedes aegypti*, que também ficaria infectado e possivelmente propagaria essa infecção para outras pessoas.

Pacientes afetados pelo Zika vírus podem usar alguns medicamentos anti-inflamatórios e analgésicos, porém, assim como na dengue e na febre chikungunya, os medicamentos à base de ácido acetilsalicílico (aspirina) ou que contenham a substância associada devem ser evitados, pois eles têm um efeito anticoagulante e podem provocar sangramentos. Outros anti-inflamatórios não hormonais também devem ser evitados, pois acredita-se que o uso dessas medicações também possa aumentar o risco de sangramentos (Brasil, 2015). Os sintomas do quadro se recuperam espontaneamente após 4-7 dias.

Complicações possíveis

Ainda são poucas as pesquisas científicas que asseguram com clareza quais são as sequelas advindas desse quadro diagnóstico, pois não se sabe muito sobre quais as complicações que o Zika vírus pode causar.

Recentemente, há pouco mais de 3 anos, em alguns estados brasileiros, esse vírus foi relacionado pelo Ministério da Saúde a casos recorrentes de *microcefalia* – uma condição neurológica até então rara, normalmente observada apenas em alguns quadros sindrômicos, que muitas vezes já pode ser identificada na fase gestacional – e à *síndrome de Guillan-Barré*, que é uma doença autoimune em que o sistema imunológico, por falhas na interpretação de algumas informações, ataca por engano e de forma destrutiva o sistema nervoso, causando uma inflamação nos nervos e levando a uma fraqueza muscular ou a uma perda da sensibilidade descendente ou ascendente, comprometendo a capacidade de realização dos movimentos e a sensibilidade.

De acordo com o Ministério da Saúde, as investigações sobre microcefalia e o Zika vírus devem continuar ainda por muito tempo, para, assim, esclarecermos algumas questões como a transmissão desse agente, a sua forma de atuação no organismo humano, a infecção fetal e o período de maior vulnerabilidade para a gestante e o bebê, bem como as sequelas advindas dessa situação. Em análise inicial, o risco está associado aos primeiros três meses de gravidez, assim como nas situações em geral (Brasil, 2015).

O mosquito *Aedes aegypti* é o transmissor do vírus, e suas larvas nascem e se criam em águas paradas. Por isso, evitar esses focos da reprodução para esse vetor é a melhor forma de se prevenir contra o Zika vírus. Veja como:

- *evite o acúmulo de água parada* – o mosquito normalmente deposita seus ovos em água limpa, não necessariamente potável. Por esse motivo, é importante jogar fora pneus velhos, virar garrafas com a boca para baixo e evitar água parada; caso o quintal ou os demais ambientes sejam propensos à formação de poças de água, deve-se realizar a drenagem desse terreno. Também é necessário lavar a vasilha de água do animal de estimação regularmente e ainda manter fechadas tampas de caixas d'água e cisternas;

- *coloque areia nos vasos de plantas* – o uso de pratos nos vasos de plantas pode gerar acúmulo de água. Há três alternativas: eliminar esse prato, lavá-lo regularmente ou

colocar areia. A areia conserva a umidade e, ao mesmo tempo, evita que o prato se torne um criadouro propício para a proliferação de mosquitos;
- *feche e limpe os ralos* – pequenos ralos de cozinhas e banheiros raramente tornam-se foco de Zika vírus, devido ao constante uso de produtos químicos, como xampu, sabão e água sanitária. Entretanto, alguns ralos são rasos e conservam água estagnada em seu interior. Nesse caso, o ideal é que ele seja fechado com uma tela ou que seja higienizado com desinfetante regularmente;
- *limpe regularmente as calhas* – grandes reservatórios, especialmente as caixas d'água, são os criadouros mais produtivos das larvas do mosquito, mas elas também podem ser encontradas em pequenas quantidades de água. Portanto, para evitar até essas pequenas poças, calhas e canos devem ser checados regularmente, pois um leve entupimento pode facilmente favorecer a criação de reservatórios ideais para o desenvolvimento do *Aedes aegypti*;
- *coloque telas nas janelas* – mesmo não sendo tão eficaz, uma vez que as pessoas não ficam o dia inteiro em casa, colocar telas em portas e janelas pode ajudar a proteger sua família contra a entrada do mosquito *Aedes aegypti*. O maior problema é quando o criadouro já está localizado dentro do domicílio, e, nesse caso, essa estratégia não será bem-sucedida. Por isso, não se esqueça de que a eliminação dos focos da doença é a maneira mais eficaz de proteção;

- *troque a água de piscinas e tanques* – a possibilidade de piscinas, pequenos lagos caseiros e aquários se tornarem foco do Zika vírus deixa muitas pessoas preocupadas, especialmente quando há demora na troca dessas águas, o que deve ser realizado periodicamente. Porém, os peixes são considerados grandes predadores das larvas de mosquitos. O cuidado maior deve ser dado, portanto, às piscinas e tanques que não são limpos com regularidade e não têm peixes;
- *seja consciente com o destino do seu lixo doméstico* – não deposite lixo em valas, margens de rios, córregos e riachos. Dessa forma, você garante que eles ficarão desobstruídos, evitando acúmulo e até mesmo enchentes. Em casa, deixe as latas de lixo sempre bem tampadas e, se possível, separe de forma adequada seu lixo;
- *use repelentes* – o uso de repelentes é fundamental nesse período, pois garante maior proteção: a utilização de repelentes, principalmente quando em viagens ou em locais com muitos mosquitos, é um método paliativo para se proteger contra o Zika vírus. Recomenda-se, porém, o uso de produtos industrializados, pois têm compostos confiáveis. Repelentes caseiros não possuem grau de repelência forte o suficiente para manter o mosquito longe de você por muito tempo e sua duração e eficácia são temporárias, sendo necessárias diversas aplicações ao longo do dia, o que muitas pessoas não se costuma fazer;
- *faça suplementação vitamínica* – suplementos de vitaminas do complexo B podem mudar o odor que nosso

organismo exala, confundindo, assim, o mosquito e funcionando como uma espécie de repelente natural. Alimentos com cheiro forte também podem ter esse efeito. No entanto, a suplementação deveria começar a ser feita antes da alta temporada de proliferação do mosquito, e nem mesmo essa ação pode representar 100% de proteção contra o Zika vírus. Essas estratégias devem se somar ao combate de focos da larva do mosquito, ao uso dos repelentes no corpo e nas vestimentas e à colocação de telas em portas e janelas, por exemplo.

Como relatado anteriormente, uma das principais consequências advindas do Zika vírus é a *microcefalia* em bebês e a *síndrome de Guillain-Barré*, registrada em adultos e também em crianças, dentre outros quadros diagnósticos que foram registrados nos últimos anos, causando terror e incertezas, especialmente por se tratar de condições pouco conhecidas e ainda sem estruturas adequadas de suportes tanto nas clínicas quanto nos espaços escolares comuns ou nos espaços de AEE.

Crianças com essas condições começam agora a ingressar nos espaços escolares e nos serviços de atendimento clínico e institucionais, e é sabido que nem todos os profissionais estão habilitados para essa nova demanda de clientes. Logo, faz-se emergencial que essas informações cheguem até esses espaços e assim garantam a qualificação das equipes, para que as redes de acolhimentos e a qualidade dos serviços sejam efetivadas.

Microcefalia

A pergunta que mais se faz nos últimos tempos em relação a esse quadro de microcefalia é: como acontece esse processo de contaminação do Zika vírus e como ele atinge um bebê ainda em formação no útero da mãe? Durante o primeiro trimestre gestacional, a mulher fica muito mais vulnerável a inúmeros quadros infecciosos, especialmente porque o bebê, ainda em formação, não se encontra devidamente pronto para defender-se contra agentes estranhos ou danosos. Logo, se essa gestante é picada pelo mosquito infectado com Zika, ela irá apresentar quadro sintomático caracterizado por dores de cabeça, vermelhidão e dores atrás dos olhos, presença de manchas vermelhas na pele e dores articulares. O Zika vírus, nesse processo, pode atravessar a barreira placentária e chegar ao feto, comprometendo-o, pois, superada essa barreira, e uma vez que o sistema imunológico desse feto ainda não está completamente desenvolvido, ele fica mais suscetível ao vírus, que tem tendência natural de atacar o sistema nervoso. Chamamos a essa característica de neurotropismo (Brasil, 2015).

É sabido que, em uma situação normal, as células do cérebro de um bebê em formação embrionária tendem a crescer e a se multiplicar, promovendo o natural desenvolvimento de suas estruturas, o que não acontece quando esse bebê é infectado com Zika. A infecção pode impedir que as células do cérebro multipliquem-se e migrem da forma como é esperada para esse momento, o que poderá provocar interrupções nesse processo de desenvolvimento (Pernambuco, 2015).

A principal hipótese nesse caso é que o vírus cause uma inflamação significativa nos vasos sanguíneos e no tecido cerebral do bebê em formação, provocando uma atrofia, que levará a uma alteração no cérebro, deixando-o com aspecto liso. Depois desse processo, irão surgindo calcificações e dilatações dos ventrículos laterais e, por fim, a interrupção no crescimento natural, que será configurada como *microcefalia* – caracterizada pela *circunferência da cabeça menor ou igual a 32 cm*, segundo padrão da Organização Mundial da Saúde (Brasil, 2015).

Entende-se microcefalia como uma condição neurológica rara em que a cabeça e o cérebro da criança são significativamente menores do que os de outras da mesma idade e sexo. É normalmente diagnosticada no início da vida, sendo resultante de o cérebro não crescer o suficiente durante a gestação ou após o nascimento (Pernambuco, 2015).

A microcefalia pode ter origem ambiental ou genética e também associada a outras causas, como (Who, 2016):

- malformações do sistema nervoso central;
- diminuição do fornecimento de oxigênio para o cérebro fetal: algumas complicações na gravidez ou durante o parto podem diminuir a oxigenação para o cérebro do bebê (hipóxia);
- exposição a drogas, álcool e certos produtos químicos durante a gravidez;
- desnutrição grave durante a gestação;
- fenilcetonúria materna – doença genética, causada pela ausência ou pela diminuição da atividade de uma enzima

do fígado, que transforma a fenilalanina (aminoácido presente nas proteínas) em outro aminoácido chamado tirosina;

- rubéola congênita na gravidez;
- toxoplasmose congênita na gravidez;
- infecção congênita por citomegalovírus.

Algumas condições genéticas que podem causar a microcefalia são: síndrome de Down, síndrome de Cornélia de Lange, síndrome Cri du Chat, síndrome de Seckel, síndrome de Edwards e outras.

A microcefalia normalmente é detectada nos primeiros exames, ou após o nascimento, em um *check-up* regular. Contudo, caso você suspeite que a cabeça de seu bebê é menor do que a de outros da mesma idade ou não está crescendo como deveria, fale com seu médico. Durante a consulta médica, o clínico geral, o pediatra, o neurologista ou o neuropediatra podem diagnosticar a microcefalia.

Diagnóstico e tratamento de microcefalia

A microcefalia é diagnosticada por meio do acompanhamento do crescimento e desenvolvimento da criança. O médico irá colocar uma fita métrica em torno da cabeça da criança e medir o seu tamanho. Essa medida da cabeça e também do tamanho da criança serão feitas durante os primeiros anos de vida e comparadas com uma tabela padronizada, a fim de determinar se a criança tem microcefalia (Brasil, 2015).

O médico também pode solicitar exames como: tomografia computadorizada da cabeça, ressonância magnética e exames de sangue para ajudar a determinar a causa da microcefalia.

Não há tratamento medicamentoso específico para a microcefalia que possa ser capaz de fazer a cabeça da criança voltar ao normal ou seguir seu desenvolvimento natural. Os pais e responsáveis são orientados a buscar tratamentos terapêuticos multidisciplinares, pois as terapias podem melhorar habilidades de fala e comunicação, promovem melhora nos padrões posturais e tônus muscular, evitando contraturas, deformações, estimulação para o treino de atividades da vida diária, treino de pinças e capacidade para coordenação motora ampla e fina, estimulação auditiva, visual, tátil, cinestésica, vestibular e proprioceptiva, dentre tantas outras possibilidades que gradativamente irão aumentando as possibilidades de uma vida mais funcional (Who, 2016).

É sabido que o diagnóstico de microcefalia pode despertar uma série de emoções conflitantes nos pais, pois é um momento traumático e vivido como um luto, tendo em vista que precisam se adequar ao filho real, deixando de lado o filho esperado ou desejado. Sentimentos diversos tomam conta do cenário familiar, como tristeza, revolta, negação, culpa, medo, preocupação, passando pela adaptação e aceitação, que é a fase final e que pode em muitos casos levar um tempo para acontecer.

Nesse turbilhão de emoções, faz-se importante buscar ajuda e orientações de uma equipe multidisciplinar de confiança: clínico geral, pediatra, neuropediatra, terapeutas ocupacionais, fonoaudiólogos, fisioterapeutas, nutricionistas, psicomotricistas, professores... Será importante a troca de experiências e o apoio de outras famílias que lidam com a mesma situação.

Posterior ao período de negação e luta, virão outros momentos, que também necessitarão da união e da parceria do grupo familiar. É necessário que se conheça quem é esse bebê e quais são as suas dificuldades, pois sua evolução irá depender dos serviços de suporte ofertados e da continuidade deles nos contextos domiciliar e social.

Algumas possíveis complicações poderão estar presentes nesse bebê com microcefalia, logo, é importante que busquemos conhecer esse quadro diagnóstico, para assim, pensarmos em estratégias que de fato auxiliem nos avanços globais. A criança com microcefalia pode apresentar algumas particularidades que merecem destaque (Pernambuco, 2015), portanto:

- serão observadas deficiências intelectuais (transtorno do desenvolvimento intelectual) em até 90% dos casos, o que demandará das equipes multidisciplinares propostas e planos de intervenções que contemplem abordagens para a estimulação neurocognitiva, cujo objetivo maior é a promoção da capacidade de neuroplasticidade cerebral, favorecendo assim novas possibilidades para esse cérebro em prejuízo de funcionamento;
- atraso nas funções motoras globais e na capacidade de articulação para o exercício da fala são muito frequentes;

- serão percebidas distorções faciais, em virtude do não crescimento apropriado da caixa craniana, dando um aspecto de dismorfismo facial ou de assimetria perceptível;
- é comum, em alguns casos, o nanismo ou a baixa estatura em relação ao padrão de altura de outros membros da mesma família;
- em alguns casos, pode-se perceber extrema agitação psicomotora ou hiperatividade, especialmente quando se apresentam prejuízos do córtex pré-frontal (Braga, 2018);
- em virtude dos prejuízos neurais, é habitual a presença de crises convulsivas – epilepsia – em muitos casos de microcefalia, o que, por sua vez, pode acentuar outros prejuízos cognitivos;
- prejuízos cerebrais, em muitos casos de microcefalia, dificultam o domínio neuropsicomotor, que pode levar a danos generalizados de coordenação motora ampla e fina, bem como do equilíbrio dinâmico e estático.

Outras alterações neurológicas podem ser registradas, mas irão depender do nível de comprometimento que cada criança irá apresentar.

Algumas crianças com microcefalia podem não apresentar problemas de aprendizado, principalmente os casos de microcefalia característicos de quadros sindrômicos.

Se a causa da microcefalia for genética, é possível buscar por estratégias preventivas, por isso, é fundamental o aconselhamento genético antes de engravidar. Além disso, é extremamente importante a realização do pré-natal, para que, assim, possam ser acompanhadas todas as condições de saúde da gestante. Dentre as recomendações médicas para prevenir a microcefalia também estão (Pernambuco, 2015):

- *não ingerir álcool durante a gravidez* – o consumo de álcool predispõe o bebê a diversas condições médicas, como síndrome do alcoolismo fetal e microcefalia, deficiência intelectual, malformações congênitas...;
- *evitar o uso de medicamentos sem a devida orientação médica* – alguns medicamentos podem interferir diretamente na formação fetal, inclusive causando uma malformação do cérebro, especialmente em termos de funcionamento, como a microcefalia;
- *evitar contato direto com pessoas com febre ou doenças infecciosas* – qualquer infecção pode provocar alteração no desenvolvimento do feto, desde rubéola e citomegalovírus até a dengue, febre zika e febre chikungunya. Por isso, é importante evitar a exposição geral a essas e tantas outras doenças.

Como já foi afirmado por diversos estudos e pesquisas, existe sim grande possibilidade de a microcefalia ser causada pela ação direta do vírus Zika, que, por sua vez, é transmitido pela picada do mosquito *Aedes aegypti* – além das complicações já sabidas nos casos de dengue, por exemplo –, e uma das recomendações do Ministério da Saúde é evitar se expor ao mosquito (Brasil, 2015).

Se os casos de microcefalia já aconteceram e estão gradativamente chegando aos nossos espaços de trabalho, clínico ou institucional, só há uma maneira de acolhimento e tratamento a essa nova demanda: buscar e construir todos os dias novos saberes sobre essa temática e, assim, encontrar, junto às famílias, uma forma de conduzir suas vidas, dando a seus filhos com essa condição uma qualidade de vida melhor, com funcionalidade e autonomia. Isso se faz com abordagens de estimulação e, principalmente, proporcionando a continuidade desses serviços nos espaços domiciliares.

O conhecimento ainda é o melhor caminho, e é ele que garante o primeiro passo para a inclusão familiar, social e educacional.

Síndrome de Guillain-Barré

A síndrome de Guillain-Barré, considerada uma doença autoimune, ocorre quando o sistema imunológico do nosso corpo, por interpretação equivocada, ataca parte do próprio sistema nervoso. Isso leva à inflamação dos nervos, o que provoca fraqueza muscular e prejuízos na sensopercepção (Gordon, 2001).

Essa síndrome é hoje considerada uma condição médica que ocorre em diversas formas de manifestação (Albers, 1985):

- *Polirradiculoneuropatia Desmielinizante Inflamatória Aguda (AIDP)* – é o tipo mais comumente diagnosticado nos Estados Unidos. O sinal característico é uma fraqueza muscular que se inicia na extremidade inferior do corpo e tende a se espalhar para cima, ou seja, a fraqueza muscular tem manifestação e progresso ascendente.

- *Síndrome de Miller Fisher (MFS)* – os primeiros sinais se manifestam na região dos olhos, estando diretamente associada ao processo de deambulação instável e presente em até 5% dos pacientes com a síndrome de Guillain--Barré. É a manifestação mais frequente na Ásia.

- *Neuropatia motora axonal aguda* e *Neuropatia motor--sensorial axonal aguda* – são tipos menos comuns nos Estados Unidos e recorrentes em regiões da China, Japão e no México.

No Brasil, a ocorrência de síndromes neurológicas relacionadas ao vírus Zika foi confirmada após investigações da Universidade Federal de Pernambuco, a partir da identificação do vírus em amostra de 6 pacientes com sintomas neurológicos com histórico de doença exantemática. Deste total, 4 foram confirmados com a síndrome de Guillain--Barré (Brasil, 2015).

O dano nervoso provocado por essa síndrome causa sensações de formigamento nas regiões afetadas, fraqueza muscular e até mesmo paralisia. A síndrome afeta mais frequentemente o revestimento do nervo (chamado de bainha de mielina). Essa lesão é chamada de desmielinização e faz com que os sinais nervosos se propaguem mais lentamente, prejudicando a condução das informações sensoriais. O dano a outras partes do nervo pode fazer com que este deixe de funcionar completamente.

A síndrome de Guillain-Barré pode afetar todos os grupos etários, porém, alguns grupos estão sob maior risco, especialmente pessoas do sexo masculino e adultos mais velhos. A síndrome pode ser desencadeada por:

- uma infecção com a *campylobacter*, um tipo de bactéria frequentemente encontrada em aves malcozidas;
- vírus influenza;
- HIV (o vírus da Aids);
- pneumonia;
- cirurgia;
- linfoma de Hodgkin;
- mais raramente, por vacinas da gripe ou outras vacinas infantis.

Os principais sintomas apresentados pela síndrome de Guillain-Barré incluem (Romano, 1998):

- perda de reflexos e sensibilidade em braços e pernas;
- hipotensão ou baixo controle da pressão arterial;
- pode haver fraqueza muscular em vez de paralisia, em casos mais brandos;
- pode iniciar-se simultaneamente nos braços e nas pernas;
- em alguns casos, pode acometer apenas os nervos da cabeça;
- pode começar nos braços e descer para as pernas, causando prejuízos sensoriais descendentes;
- pode começar nos pés e nas pernas e subir para os braços e a cabeça, causando prejuízos sensoriais ascendentes;
- é comum sensações de dormência e alterações da sensibilidade;
- é habitual sensibilidade ou dor muscular;

- presença de movimentos descoordenados, com tendências a quedas recorrentes;
- visão turva;
- prejuízos na musculatura facial, com dificuldade para mover os músculos do rosto;
- contrações musculares involuntárias e tendência a cãibras;
- sensações de alterações cardíacas, palpitações;
- paralisia que afeta os dois lados do corpo, assim como a fraqueza muscular;
- sensação de formigamento, com possível queixa de dores nos pés ou nas mãos e descoordenação.

Os sintomas podem evoluir em 24 a 72 horas.

Na maioria dos casos, é comum que a fraqueza muscular tenha início na região das extremidades inferiores (pernas), propagando-se, em seguida, para as extremidades superiores (braços). Isso é chamado de paralisia ascendente.

Se a inflamação afetar os nervos do diafragma e da região do peito e se apresentar fraqueza nesses grupos musculares, o paciente poderá necessitar de assistência respiratória, pois, nesses casos, existe maior risco de agravamento e morte.

Os sintomas da síndrome de Guillain-Barré podem evoluir, piorando rapidamente. Em apenas algumas horas, os sintomas mais graves podem aparecer, e, ao longo dos dias, é natural que a fraqueza muscular também aumente.

Alguns sintomas são considerados emergenciais. A respiração interrompida temporariamente, por fraqueza nos músculos do diafragma, dificulta a respiração profunda, a deglutição e pode provocar sialorreia (produção excessiva de saliva), sensações de desmaios e vertigens ao levantar, bem como possível perda da movimentação espontânea.

Pode ser complexo para o médico fechar com precisão o diagnóstico da síndrome de Guillain-Barré, principalmente em seus estágios iniciais, pois muitos dos sinais e sintomas manifestos por essa condição médica também são semelhantes aos sinais e sintomas de tantas outras desordens neurológicas, e naturalmente eles variam de pessoa para pessoa nas suas formas de apresentação (Romano, 1998).

Relatos de histórico de fraqueza muscular crescente e de possível paralisia podem ser um sinal evidente da síndrome de Guillain-Barré, principalmente se houve uma doença recente que justifique esses sintomas manifestos.

Um exame médico detalhado pode mostrar sinais de fraqueza muscular e de problemas nas funções involuntárias (autônomas) do corpo, como pressão arterial e frequência cardíaca. O exame também pode mostrar se houve alguma mudança na apresentação dos reflexos, como os dos joelhos, por exemplo, se estão diminuídos ou ausentes. Pode ainda haver sinais de diminuição da respiração, que, por sua vez, pode ser causada por paralisia dos músculos respiratórios, nesse caso, torna-se um sinal mais preocupante (Dourado, 2012).

Alguns exames podem ser solicitados para que o diagnóstico seja mais confiável (Kieseier, 2003):
- amostra do líquido cefalorraquidiano (punção lombar);
- eletrocardiograma (ECG);
- eletromiografia (EMG), que testa a atividade elétrica nos músculos;

- exame de velocidade de condução nervosa;
- exames de função pulmonar.

Apesar de ainda não existir uma estratégia pontual para uma cura mais específica para a síndrome de Guillain--Barré, com os avanços médicos já existem muitos tratamentos disponíveis que ajudam a amenizar ou a reduzir muitos dos sintomas apresentados, tratando, assim, das possíveis complicações e acelerando a recuperação do paciente para o retorno a sua vida funcional e laboral.

Quando os sintomas são considerados graves, em muitos casos o tratamento hospitalocêntrico será a melhor recomendação inicial, abrindo dessa forma maiores possibilidades para novas estratégias interventivas.

Nos estágios iniciais da síndrome, tratamentos que removam ou bloqueiem a ação dos anticorpos que estão atacando as células nervosas podem reduzir a gravidade e a duração dos sintomas, favorecendo, assim, um melhor prognóstico. Um desses métodos é chamado de plasmaferese, e é usado para remover os anticorpos do sangue. O processo envolve extrair sangue do corpo, geralmente do braço, bombeá-lo a uma máquina que remove anticorpos e depois enviá-lo novamente ao corpo (Vucic, 2009).

Outro método utilizado é bloquear os anticorpos usando altas doses de imunoglobulina. Nesse caso, as imunoglobulinas são adicionadas ao sangue em grandes quantidades, bloqueando os anticorpos que causam a inflamação.

Outros tratamentos disponíveis têm por objetivo prevenir complicações (Vucic, 2009):

- utilização de anticoagulantes para prevenção de coágulos sanguíneos;
- quando há prejuízos diafragmáticos, pode ser necessário auxílio respiratório ou até mesmo de um tubo e um ventilador respiratório;
- em casos com presença de fortes dores, pode ser necessário o tratamento à base de anti-inflamatórios;
- faz-se necessário, em alguns casos, orientação para melhor posicionamento do corpo ou ainda o uso de um tubo de alimentação, que serão empregados para evitar que se engasgue durante a deglutição, principalmente se os músculos usados para deglutição estiverem prejudicados;
- alguns medicamentos têm melhor ação terapêutica.

É importante salientar que, após os primeiros sinais e sintomas da síndrome, há uma tendência natural em seu agravamento dentro de um espaço de até 2 semanas, porém, acredita-se que esses sintomas atinjam seu ápice em aproximadamente 4 semanas.

A recuperação para o quadro manifesto começa logo depois, geralmente com duração de 6 meses a 1 ano, embora para algumas pessoas possa acontecer um tempo de demora de até 3 anos. Quando não tratada, a síndrome tende a evoluir, e nesse avanço sintomático algumas possíveis complicações mais graves podem advir (Romano, 1998):

- quadros de insuficiência respiratória (dificuldades para respirar);
- deformidades articulares com possíveis contraturas;

- presença de coágulos sanguíneos (trombose venosa profunda), que normalmente se formam quando alguém está inativo ou confinado a uma cama por longo período;
- vulnerabilidade ou maior risco para quadros infecciosos;
- quadro de pressão arterial baixa ou instável;
- risco de paralisia permanente;
- pneumonia;
- riscos de úlceras (lesões na pele), especialmente pelo longo período acamado;
- possibilidade ou maior risco para aspiração de alimentos ou líquidos para dentro do pulmão, representando perigo de morte.

A recuperação pode ser demorada, podendo acontecer em semanas, meses ou anos, mas há grandes possibilidades de um bom prognóstico para a síndrome de Guillain-Barré. Normalmente a grande maioria das pessoas sobrevive e se recupera completamente, porém, tem-se registrado a presença de alguns sintomas de fraqueza persistente em algumas pessoas por muitos anos, mesmo com tratamento mais eficaz.

É provável que o prognóstico do paciente seja muito bom se os sintomas desaparecerem dentro de 3 semanas do início do quadro sintomático.

Capítulo 5

Transtorno do Espectro do Autismo (TEA) e síndromes comórbidas

Os Transtornos Globais do Desenvolvimento (TGD), hoje classificados pelo DSM-5 e pelo CID-11 como Transtorno do Espectro do Autismo (TEA), caracterizam-se por prejuízo severo e invasivo em diversas áreas do desenvolvimento: habilidades de interação social recíproca, habilidades de comunicação, ou presença de comportamento, interesses e atividades estereotipados (APA, 2014).

Os prejuízos qualitativos que definem essas condições diagnósticas representam um desvio acentuado em relação ao nível de desenvolvimento ou idade mental do indivíduo.

Esse transtorno se manifesta em geral nos primeiros anos de vida e frequentemente está associado com algum grau de deficiência intelectual, que, se presente, pode representar um percentual significativo entre 50 e 75% dos casos (Schwartzman, 2009).

O Transtorno do Espectro do Autismo (TEA) é observado, por vezes, com diversas comorbidades, ou seja, um grupo de várias outras condições médicas gerais (por exemplo, anormalidades cromossômicas, infecções congênitas e anormalidades estruturais do sistema nervoso central, síndromes diversas, dentre outras tantas situações que acentuam cada vez mais as dificuldades desses sujeitos).

Embora termos como "psicose", "psicose infantil" e "esquizofrenia da infância" já tenham sido usados com referência a indivíduos com essas condições diagnósticas, evidências sugerem que os TEA são distintos de quadros como a esquizofrenia (entretanto, um indivíduo com TEA ocasionalmente pode, mais tarde, desenvolver esquizofrenia, TOC ou outro transtorno de ordem emocional) (Braga, 2018).

As características essenciais do TEA são a presença de um desenvolvimento acentuadamente anormal ou prejudicado na interação social e comunicação, e um repertório marcantemente restrito de atividades e interesses. As manifestações do transtorno variam imensamente, dependendo do nível de desenvolvimento e idade cronológica do indivíduo (Braga, 2018).

O prejuízo na interação social recíproca é amplo e persistente.

- Pode haver prejuízo marcante no uso de múltiplos comportamentos não verbais (por exemplo, manter contato visual direto, expressão facial, posturas e gestos corporais significativos) que regulam a interação social e a comunicação, ou simplesmente a comunicação social (APA, 2014).

- Pode haver fracasso em desenvolver relacionamentos socializantes com seus pares que sejam apropriados ao nível de desenvolvimento, os quais assumem diferentes formas, em diferentes idades.

- Os indivíduos mais jovens podem demonstrar pouco ou nenhum interesse pelo estabelecimento de amizades, sendo muitas vezes indiferentes; os mais velhos podem ter interesse por amizades, mas não compreendem as convenções da interação social, ou ainda se limitam apenas a interesses monotemáticos, ritualísticos e particularísticos.

- Pode ocorrer falta de busca espontânea pela atenção e pelo prazer compartilhado, interesses ou realizações com outras pessoas (por exemplo, não mostrarem, trazerem ou apontarem para objetos que consideram interessantes ou que estejam necessitando).

- Falta de reciprocidade social ou emocional pode estar presente em muitos casos de TEA (ou seja, podem não participar ativamente de jogos ou brincadeiras sociais simples, preferindo atividades solitárias, ou envolvem os outros em atividades apenas como instrumentos ou auxílios "mecânicos"). Muitas vezes, esse afastamento social pode representar dificuldades em vislumbrar perspectivas para tais situações, ou por simplesmente não entenderem os significados de sutilezas sociais (Braga, 2018).

- Nesse contexto de sociabilidade, a conscientização da existência dos outros pelo indivíduo encontra-se bastante prejudicada.

- Os indivíduos com esse transtorno podem ignorar as outras crianças (incluindo os irmãos), podem não ter ideia das necessidades dos outros, ou não perceberem o sofrimento de outra pessoa. Isso é especialmente explicado pelo prejuízo do funcionamento cerebral ou por falhas específicas no funcionamento dos neurônios espelhos, tão necessários para a imitação social e interpretação da intenção de outras pessoas (Gattino, 2015).
- O prejuízo na comunicação também é marcante e persistente, afetando as habilidades tanto verbais quanto não verbais, o que representa prejuízos na comunicação social e na adequação aos diversos contextos.
- Em muitos casos, pode haver atraso ou falta total de desenvolvimento da linguagem falada.
- Em indivíduos que chegam a falar, pode existir um acentuado prejuízo na capacidade de iniciar ou manter uma conversação. Um uso estereotipado e repetitivo da linguagem ou uma linguagem idiossincrática também podem ser comuns (Braga, 2018).
- Podem estar ausentes os jogos variados e espontâneos de faz de conta, imaginação, abstração ou de imitação social, apropriados ao nível de desenvolvimento, o que, por sua vez, representam diversos prejuízos de leitura social e metacognição.
- Quando a fala chega a se desenvolver, a prosódia, o timbre, a entonação, a velocidade, o ritmo ou a ênfase podem ser anormais (em muitos casos, o tom de voz pode

ser monótono (monotônico) ou elevar-se de modo interrogativo ao final de frases afirmativas) (Braga, 2018).

- É também comum, em muitos casos, que as estruturas gramaticais sejam frequentemente imaturas e, assim, incluam o uso estereotipado e repetitivo da linguagem (ecolalia – repetição de palavras ou frases, independentemente do significado; repetição de comerciais ou *jingles*) ou uma linguagem metafórica (isto é, uma linguagem que apenas pode ser entendida claramente pelas pessoas familiarizadas com o estilo de comunicação do indivíduo) (Dalgalarrondo, 2008).

- Perturbação na compreensão da linguagem pode ser evidenciada por uma incapacidade de entender perguntas, orientações, piadas simples, metáforas, duplo sentido, sarcasmos, ironias (prejuízos na capacidade de metacognição).

- As brincadeiras imaginativas em geral estão ausentes ou apresentam prejuízo acentuado, gerando dificuldades nas aprendizagens.

- Pelas diversas dificuldades de compreensão e adequação social, tendem a não se envolver nos jogos de imitação ou em rotinas simples da infância, ou o fazem fora de contexto ou de um modo mecânico e extremamente rígido.

- Os indivíduos com TEA comumente apresentam padrões restritos, repetitivos e estereotipados de comportamento, interesses e atividades, o que se explica pelas dificuldades de flexibilidade mental e organização para novas estratégias (prejuízos de função executiva – córtex pré-frontal) (Braga, 2018).

- Pode existir uma preocupação com um ou mais padrões estereotipados e restritos de interesse, anormais em intensidade ou foco; uma adesão aparentemente inflexível a rotinas ou rituais específicos e não funcionais; maneirismos motores estereotipados e repetitivos; ou uma preocupação persistente com partes de objetos, e não com o todo (botões, partes do corpo).

- Os indivíduos com TEA apresentam uma faixa restrita de interesses e com frequência se preocupam com um interesse limitado (como acumular fatos sobre meteorologia, estatísticas esportivas, personalidades, vulcões, dinossauros, robótica...).

- Podem enfileirar um número exato de brinquedos da mesma maneira, repetidas vezes ao dia, ou imitar vezes sem conta as ações de um ator de televisão da mesma forma, inclusive no ritmo e timbre das falas.

- Podem insistir na mesmice, manifestando resistência ou grave sofrimento diante de mudanças triviais (uma criança mais jovem pode ter uma reação catastrófica a uma pequena alteração no ambiente, tal como a colocação de cortinas novas, pintura de uma sala, mudança de um móvel ou do local da mesa de jantar – função executiva comprometida) (Seabra, 2014).

- É comum interesse rígido por rotinas ou rituais não funcionais, ou uma insistência irracional em seguir rotinas (por exemplo, percorrer exatamente o mesmo caminho para ir à escola todos os dias, fazer o lanche de forma ritualizada, antes de entrar para os atendimentos...).

- Os movimentos corporais estereotipados envolvem as mãos (bater palmas, estalar os dedos, mover as mãos na frente dos olhos...) ou todo o corpo (balançar-se, inclinar-se abruptamente ou oscilar o corpo, andar na ponta dos pés, saltar...).
- Anormalidades da postura podem também ser percebidas em alguns casos (exemplo, caminhar na ponta dos pés, movimentos estranhos das mãos e posturas corporais).
- Também pode haver fascinação por movimentos em geral (por exemplo, as rodinhas dos brinquedos em movimento, o abrir e fechar de portas, ventiladores ou outros objetos com movimento giratório rápido) (Braga, 2018).
- O indivíduo pode apegar-se intensamente a algum objeto inanimado (exemplo, um pedaço de barbante ou uma faixa elástica, um brinquedo qualquer...). Isso pode representar uma forma de autorregulação diante do inesperado.

O TEA manifesta-se por atrasos ou funcionamento anormal em pelo menos uma das seguintes áreas, antes dos 3 anos de idade: interação social, linguagem usada para a comunicação social, ou jogos simbólicos ou imaginativos.

Não existe, em geral, um período de desenvolvimento normal, embora 1 ou 2 anos de desenvolvimento relativamente normal sejam relatados em alguns exemplos.

Em uns poucos casos, os pais relatam uma regressão no desenvolvimento da linguagem, geralmente manifestada pela cessação da fala após a criança ter adquirido de 5 a 10 palavras. Por definição, se houver um período de desenvolvimento normal, ele não pode estender-se além dos 3 anos de idade.

Pode haver anormalidades no desenvolvimento das habilidades cognitivas, com perfil irregular, independentemente do nível geral de inteligência (exemplo, uma menina ou menino de 4 anos e meio com autismo pode ser capaz de ler, isto é, pode apresentar *hiperlexia* – compulsão por letras, sílabas ou palavras, além de compulsão por números, o que não significa que essa pessoa que esteja lendo tudo de forma precoce tenha real compreensão daquilo que lê ou escreve) (Olivier, 2018).

Em muitas crianças de funcionamento superior com autismo, o nível de linguagem receptiva (isto é, compreensão da linguagem) está abaixo daquele da linguagem expressiva.

É comum, em muitos casos de autismo, a presença de uma gama de sintomas comportamentais, incluindo hiperatividade, desatenção, impulsividade, agressividade, comportamentos autoagressivos e, particularmente em crianças mais jovens, acessos de raiva e descontrole emocional, ou ainda dificuldades no controle inibitório (Braga, 2018).

Respostas incomuns aos estímulos sensoriais (exemplo, alto limiar para a dor, hipersensibilidade aos sons ou ao ser tocado, reações exageradas à luz ou aos odores, fascinação com certos estímulos) também podem ser observadas.

É habitual a ocorrência de dificuldades na alimentação (restrição alimentar – limitação a poucos alimentos na dieta, ou ainda seletividade alimentar – alimentos criteriosamente escolhidos por cores, texturas...) ou prejuízos na qualidade do sono (despertares noturnos com balanço do corpo, despertar com desorganização comportamental...).

Alterações do humor ou afeto também podem ser registradas em muitos casos (risos ou choros sem qualquer razão visível, uma aparente ausência de reação emocional) (Olivier, 2013).

Pode existir ausência de medo em resposta a perigos reais e temor excessivo em resposta a objetos inofensivos, além da presença de uma variedade de comportamentos autolesivos (bater a cabeça ou morder os dedos, mãos ou pulsos, especialmente quando frustrados ou diante de situações em que não consigam autorregular-se).

Na adolescência e início da idade adulta, os indivíduos com autismo que têm capacidade intelectual para os *insights* podem tornar-se deprimidos, em resposta à percepção de seu sério comprometimento diante dos demais.

A natureza do prejuízo na interação social pode mudar ao longo do tempo no autismo, sendo possível variar de acordo com o nível de desenvolvimento do indivíduo.

Em bebês, pode-se perceber a ausência de aninhamento, indiferença ou aversão à afeição ou contato físico, dificuldade ou falta de contato visual direto, de respostas faciais ou de sorrisos sociais e uma ausência de resposta à voz dos pais. Como resultado, estes podem preocupar-se, inicialmente, com a possibilidade de a criança vir a ser surda.

As crianças pequenas com o transtorno podem tratar os adultos como se fosse possível trocá-los por outros ou podem agarrar-se mecanicamente a uma pessoa específica.

Ao longo do desenvolvimento, a criança pode deixar-se envolver passivamente e até mesmo interessar-se pela interação social. Entretanto, mesmo nesses casos, ela tende a tratar as outras pessoas de maneira incomum (exemplo: esperar que as outras pessoas respondam a perguntas ritualizadas de maneira específica, ter pouco senso das limitações alheias e invasividade imprópria na interação social).

Em indivíduos mais velhos, as tarefas que envolvem a memória de longo prazo (exemplo: horários de trens, datas históricas, fórmulas químicas ou recordação exata das letras de canções ouvidas há anos) podem ser excelentes, mas as informações tendem a ser repetidas vezes sem conta, não importando sua adequação ao contexto social (Olivier, 2018).

As taxas para o transtorno são 4 a 5 vezes superiores para o sexo masculino. Nesse sentido, estudos epidemiológicos até 1980 sugeriam taxas de autismo de 1 caso para cada 10 mil indivíduos nascidos, sendo que nos últimos anos tem-se percebido alterações significativas, chegando a 1 caso a cada 80/68/45/36 nascidos, estatística crescente também pelo maior número de estudos voltados a essa temática e pelo acesso mais facilitado a esses conhecimentos. Consequentemente, com isso, conseguimos perceber com maior facilidade o que passava despercebido em épocas anteriores (APA, 2014).

Por definição, o início do TEA ocorre antes dos 3 anos de idade, período importante para o neurodesenvolvimento e que merece atenção especial por parte de pais, cuidadores e educadores, bem como por parte do pediatra que faz o acompanhamento desde tenra idade e já pode perceber atrasos que justifiquem o encaminhamento para a estimulação precoce, momento fundamental para novas aquisições.

Em alguns casos, os pais relatam sua preocupação com a criança desde o nascimento ou logo após observar alguns atrasos, quando comparada com crianças de mesma idade, especialmente em vista de sua falta de interesse pela interação social com seus pares, que muitas vezes é o primeiro elemento observado tanto em casa como nos espaços sociais e escolares, além dos atrasos significativos na aquisição da linguagem, na fala e na comunicação, ferramentas necessárias ao processo de interação social.

As manifestações do transtorno na primeira infância são mais sutis e mais difíceis de se definir do que aquelas vistas após os 2 anos de idade. Logo, espera-se que novas demandas aconteçam para que outros sinais sejam ventilados de forma mais segura e inequívoca.

Em uns poucos casos, a criança pode ter se desenvolvido normalmente durante o primeiro ano de vida (ou até mesmo durante os 2 primeiros anos de vida), regredindo mais tarde. Essa regressão em conquistas anteriormente adquiridas pode se justificar, segundo as neurociências, por ausência ou falhas no processo chamado de "poda neural", que, numa linguagem mais compreensiva, seria a natural e espontânea deleção dos neurônios não funcionantes, para assim favorecer o melhor funcionamento e as significativas trocas sinápticas dos neurônios em funcionamento, garantindo, assim, novas ramificações e trocas que promovam funcionalmente outros ganhos e conquistas para novas demandas. Acredita-se que esse processo esteja prejudicado, por isso aconteça a estagnação ou regressão em aquisições já instaladas.

O autismo segue um curso contínuo, portanto, em crianças em idade escolar e adolescentes, é comum haver progressos no desenvolvimento em algumas áreas, como também pode acontecer o aumento do interesse pelo funcionamento social, à medida que a criança chega à idade escolar e são oportunizados esses momentos de trocas sociais.

Alguns indivíduos manifestam maior desorganização em termos comportamentais durante o período da adolescência, enquanto outros tendem a melhorar. As habilidades de linguagem, manifestação de fala comunicativa e o nível intelectual geral são os mais poderosos fatores relacionados ao prognóstico final, que é hoje utilizado como elemento de classificação segundo o DSM-5 (APA, 2014) e a CID-11.

Em estudos disponíveis sobre essa temática, sugere-se que apenas uma pequena percentagem dos indivíduos com o transtorno chega a viver e trabalhar de modo independente, quando adultos (APA, 2014).

- Em cerca de um terço dos casos, algum grau de independência parcial é possível, levando-se em conta principalmente as estimulações que recebem, o período de início dessa estimulação e a participação do grupo familiar nesse processo continuado.

- Os adultos com autismo, mesmo aqueles com o mais alto nível de funcionamento, continuam apresentando problemas na interação social e comunicação, juntamente com interesses e atividades acentuadamente restritos, repetitivos e estereotipados.
- O risco para autismo é maior entre os irmãos de indivíduos com o transtorno, e, em casos de gêmeos, esse percentual pode ser significativo.
- Períodos de regressão podem ser observados no desenvolvimento normal, porém, não são tão severos nem tão prolongados quanto no TEA, que deve ser diferenciado de outros transtornos.
- A síndrome de Rett difere do TEA em sua proporção característica entre os sexos e padrões deficitários. Essa síndrome tem sido diagnosticada mais comumente no sexo feminino, ao passo que o TEA acomete muito mais frequentemente o sexo masculino.
- Na síndrome de Rett há um padrão característico de desaceleração do crescimento craniano, perda de habilidades manuais voluntárias adquiridas anteriormente e o aparecimento de marcha pouco coordenada ou movimentos do tronco. Particularmente durante os anos pré-escolares, indivíduos com síndrome de Rett podem exibir dificuldades na interação social similares àquelas observadas no TEA, mas essas tendem a ser temporárias (ver descrição para síndrome de Rett).
- O TEA difere do transtorno desintegrativo da infância, que tem um padrão distinto de regressão, seguindo-se

pelo menos 2 anos de desenvolvimento normal. No TEA, as anormalidades do desenvolvimento geralmente são percebidas já no primeiro ano de vida.

- Quando não se dispõe de informações sobre o desenvolvimento inicial ou quando não é possível documentar o período exigido de desenvolvimento normal, deve-se fazer o diagnóstico de TEA.
- O TEA leve/Asperger pode ser diferenciado dos outros níveis pela ausência de atraso no desenvolvimento da linguagem (Olivier, 2018).
- A esquizofrenia com início na infância geralmente se desenvolve após alguns anos de desenvolvimento normal ou quase normal. Um diagnóstico adicional de esquizofrenia pode ser feito se um indivíduo com TEA desenvolve os aspectos característicos da esquizofrenia com sintomas da fase ativa, consistindo de delírios ou alucinações proeminentes, com duração de, pelo menos, 1 mês.
- No mutismo seletivo, a criança habitualmente exibe habilidades apropriadas de comunicação em certos contextos e não tem prejuízo severo na interação social e nos padrões restritos de comportamento associados com o TEA.
- No transtorno da linguagem expressiva e no transtorno misto da linguagem receptivo-expressiva existe prejuízo da linguagem, mas eles não estão associados com a presença de um prejuízo qualitativo na interação social e de padrões restritos, repetitivos e estereotipados de comportamento.

Às vezes, pode ser difícil determinar se um diagnóstico adicional de TEA é indicado a um indivíduo com deficiência intelectual. Um diagnóstico adicional de TEA é reservado àquelas situações em que existem déficits qualitativos nas habilidades sociais e comunicativas, e em que os comportamentos específicos característicos do TEA estão presentes (Braga, 2018).

Estereotipias motoras são características do TEA; um diagnóstico adicional de transtorno de movimento estereotipado não é dado quando esses são mais bem explicados como parte da apresentação do TEA.

Segundo a Associação Americana de Psiquiatria (APA), o Transtorno do Espectro do Autismo (TEA) pode vir frequentemente associado com outros quadros comórbidos, apresentando-se, dessa forma, com variações em suas manifestações sintomáticas, logo, é possível assinalar comprometimento intelectual e transtorno estrutural da linguagem (incapacidade de compreender e construir frases gramaticalmente corretas), que devem ser registrados conforme os especificadores relevantes, quando aplicáveis.

Nesse contexto, muitos indivíduos com TEA podem apresentar sintomas psiquiátricos que não fazem parte dos critérios diagnósticos para o transtorno, ou seja, cerca de 70% das pessoas com TEA podem ter um transtorno mental comórbido, e 40% podem ter dois ou mais transtornos mentais comórbidos. Quando critérios tanto para TDAH quanto para o TEA são preenchidos, ambos os diagnósticos devem ser relatados pelo médico. O mesmo princípio aplica-se aos diagnósticos associados de TEA e transtorno do desenvolvimento da coordenação, TEA e transtornos de ansiedade, TEA e transtornos depressivos e outros diagnósticos de comorbidades similares (APA, 2014).

Entre indivíduos que não desenvolveram padrões de fala ou que apresentam déficits de linguagem, alguns sinais observáveis, como mudanças no processo do sono ou na conduta alimentar e aumento no comportamento desafiante, devem desencadear uma avaliação para ansiedade ou depressão. Dificuldades específicas de aprendizagem (como a aquisição para a leitura, escrita e aritmética/raciocínio lógico matemático) são comuns, assim como o transtorno do desenvolvimento da coordenação.

Algumas condições médicas percebidas e associadas ao TEA podem e devem ser registradas no especificador "condição médica ou genética conhecida ou fator ambiental". Tais condições podem incluir quadros comórbidos como a epilepsia, os distúrbios do sono e a constipação, além do transtorno alimentar restritivo/evitativo, que é uma característica que se apresenta com bastante frequência no TEA, bem como as preferências alimentares extremas e/ou reduzidas, que também podem persistir em muitos casos.

Além dos diversos quadros anteriormente registrados como comórbidos ao TEA, pode-se elencar principalmente a deficiência intelectual (transtorno do desenvolvimento intelectual [APA, 2014] ou distúrbio do desenvolvimento intelectual) como um dos quadros associados a essa condição diagnóstica, bem como inúmeras síndromes genéticas, cromossômicas, neurológicas..., que, além dos prejuízos intelectuais característicos, também apresentam o TEA como quadro associado e que merecem atenção especial por parte dos profissionais que compõem a equipe de intervenção multidisciplinar, pois, entendendo-se esses quadros sindrômicos e compreendendo como a deficiência intelectual e o TEA funcionam, essa equipe pode melhor planejar, implementar e viabilizar estratégias de intervenções que venham de fato fazer a diferença para uma vida mais funcional desses indivíduos.

Os possíveis quadros sindrômicos comumente observados e que merecem atenção especial são:

1. Doença celíaca

"Doença celíaca", também conhecida por sua principal característica, é a intolerância permanente ao glúten (uma proteína presente em diversos alimentos, como a farinha de trigo e seus derivados, centeio, aveia, cevada e malte), que, por sua vez, quando não tolerado pelo organismo, pode resultar em diversos problemas ao paciente, como desconforto gastrointestinal que ocasiona diarreia crônica, sensações de distenção abdominal, perda gradativa de peso com ocorrência de quadros de desnutrição e possivelmente redução na estatura (Schwartzman, 2011).

Quanto ao seu quadro global, o paciente com doença celíaca ainda pode apresentar sintomas neurológicos que prejudicam diretamente seu desenvolvimento neuropsicomotor, destacando-se entre esses quadros a presença de ataxia (perda do controle muscular durante movimentos voluntários, como andar ou pegar objetos), epilepsia, alterações musculares e neuropatia periférica.

Nos últimos anos, alguns estudiosos têm associado diversos comportamentos desorganizados em pacientes com autismo à intolerância ao glúten, porém, até o momento, não existe uma comprovação científica de que todos os casos tenham associação direta nem que a apresentação do autismo se modifique em virtude de uma dieta com alimentação específica. Portanto, faz-se necessário a observância de que a pessoa com autismo de fato seja intolerante, para que, assim, se excluam determinados alimentos de sua dieta.

2. Epilepsia

A International League Against Epilepsy (ILAE) e o International Bureau for Epilepsy (IBE) definem epilepsia como uma condição neurológica que se caracteriza por predisposição contínua a gerar crises epilépticas com consequências neurobiológica, cognitiva, psicossocial e social (Yacubian, 2014).

A definição para o quadro de epilepsia requer a recorrência de pelo menos uma crise epiléptica ou a possibilidade de recorrência desta. Não se trata de uma condição patológica única, mas de uma grande variedade de manifestações sindrômicas que se refletem em uma disfunção cerebral de base resultante de diferentes causas (Thurman et al., 2011).

As crises epilépticas são definidas como a ocorrência transitória de sinais e/ou sintomas devido a uma anormalidade

na atividade neuronal síncrona e excessiva. Dentro deste contexto, existem elementos importantes que podem ser elencados para a melhor definição dessa condição médica:
- modo de início e término das crises;
- manifestações clínicas;
- intensificação da sincronização anormal.

Existem alguns importantes elementos que são primordiais para sua definição:
- história de pelo menos uma crise convulsiva;
- presença de alterações persistentes no cérebro que aumentam a probabilidade de futuras crises convulsivas;
- associação de outros transtornos neurobiológicos, cognitivos, sociais e psicossociais.

Com os avanços significativos das neurociências, que têm cada vez mais conquistado espaços desde 1980, apareceram novas situações ao longo do tempo, e, até a segunda metade do século XVIII, o médico suíço Samuel Auguste Tissot apontou a epilepsia como um fenômeno decorrente de lesões cerebrais, como tumores, AVCs/AVEs e traumatismos, destacando que o estudo destas lesões seria fundamental para a compreensão da doença (Yacubian, 2014).

A epilepsia pode ser de origem genética, sintomática (secundária a trauma cerebral, por exemplo, anóxia – ausência do fornecimento de oxigênio para o cérebro, presença de tumores, traumatismos, alterações metabólicas, malformações cerebrais, acidente vascular cerebral/encefálico – AVC/AVE ou pode ainda fazer parte de uma doença sistêmica), ou provavelmente sintomática quando suspeitamos de uma lesão cerebral.

A epilepsia é, na atualidade, considerada uma condição neurológica séria que está entre as mais comuns em todo o mundo. Na população em geral, cerca de 3% serão de pessoas com epilepsia em algum momento de suas vidas.

A predisposição à expressão clínica da epilepsia pode diferir com a idade; logo, crianças e adolescentes, principalmente no primeiro ano de vida, são mais vulneráveis, com decréscimo na vida adulta e incremento na terceira idade.

A incidência de epilepsia na população pode variar entre 0,5 a 1,5%, e é superior nos países em desenvolvimento, sendo que a taxa de epilepsia ativa é mais alta nas classes econômicas mais baixas.

É importante lembrar que os sinais para essa síndrome epiléptica nem sempre são físicos, pois as crises ou a manifestação para os quadros convulsivos podem apresentar-se de diversas formas, sendo estas as mais comuns:

- *Sinais motores visíveis* – movimentação lateralizada e forçada da cabeça, presença de movimentos involuntários ou posturais dos braços ou das pernas, tendência a forte rigidez muscular isolada ou em conjunto, emissão de sons fonatórios, marcha sem direção e com dificuldades no equilíbrio dinâmico etc.;
- *Sintomas sensoriais com marcante alteração* – presença de alucinações auditivas em alguns casos, em virtude das alterações sensoriais, alucinações visuais, olfativas, gustativas e vertigens.

- *Sinais e sintomas autonômicos* – palidez, sensação epigástrica, sudorese excessiva, pilo ereção, dilatação pupilar, enrubescimento etc.
- *Sintomas psíquicos* – alterações afetivas de significado particular, como sensações de medo ou raiva, estados de sonho, distorções do tempo; desorientação espacial e temporal, sensação de que já esteve em algum lugar previamente ou não etc.

As epilepsias podem ser parciais (focais) ou generalizadas, e se subdividem em idiopáticas (genéticas), criptogênicas (provavelmente sintomáticas) e sintomáticas (estruturais/ metabólicas) (Berg et al., 2010).

As epilepsias generalizadas idiopáticas são em geral geneticamente determinadas, como, por exemplo, na mutação no canal de potássio, canal de sódio ou de canais de cloro, assim como dos canais ligantes de acetilcolina e receptores GABAA (ácido gaba amino butírico, subunidade A) (Berg et al., 2010).

Nas epilepsias secundárias ou generalizadas sintomáticas, podem ocorrer lesões macro ou microscópicas, com distribuição difusa entre os hemisférios cerebrais.

Nas epilepsias focais, as crises epilépticas se originam em uma região cortical, determinando, assim, o foco epiléptico, com provável alteração estrutural e etiologias variadas. Essa alteração estrutural interfere no controle da atividade elétrica cerebral e induz os grupos neuronais envolvidos a gerarem atividade elétrica de intensidade excessiva de forma sincrônica e mantida no tempo, provocando, assim, crises convulsivas. As crises se iniciam de forma localizada e podem se espalhar recrutando outras áreas cerebrais, sendo determinada de acordo com a área de início da crise epiléptica (Berg et al., 2010).

Nas epilepsias focais, observa-se alteração funcional no período entre as crises devido a alterações patológicas focais (pela presença de tumor) ou mais raramente em virtude de mutação genética (epilepsia autossômica dominante do lobo frontal).

O eletroencefalograma ainda é o exame primordial para o diagnóstico de epilepsia, pois objetiva analisar a atividade elétrica cerebral e suas alterações ou anormalidades. A partir desse exame, é possível orientar para o pedido de ressonância magnética, pois, no local da atividade epileptiforme, pode existir uma lesão cerebral significativa que justifique o quadro observado. Nesse mesmo exame, ainda é possível observar algumas lesões na estrutura do cérebro, como, por exemplo, uma pequena malformação cerebral.

É comum na vida adulta algumas comorbidades psiquiátricas associadas aos quadros de epilepsia: depressão (30%); transtornos de ansiedade (10 a 25%); quadros de psicose (2 a 7%); e possível transtorno de personalidade (1 a 2%).

No período da infância e na adolescência, as comorbidades mais comuns são: Transtorno de Déficit de Atenção e Hiperatividade (TDAH) (14 a 38%); transtornos de humor e ansiedade (16 a 31%); e psicose, rara em crianças, mas que também podem acontecer (10%). É importante ressaltar que há uma prevalência de depressão (20 a 55%) em pacientes com quadros de epilepsia de difícil controle.

Tratamento medicamentoso com drogas antiepilépticas pode ser usado na maioria dos casos de epilepsia com razoável sucesso.

Os primeiros 5 anos de tratamento das crises epilépticas são fundamentais, pois aproximadamente 65% dos pacientes com epilepsia de início recente apresentam uma boa resposta ao tratamento medicamentoso, e isso faz grande diferença em seu processo de desenvolvimento global. As crises podem continuar recorrentes em até 5% dos casos em tratamento medicamentoso, e cerca de 35% evoluem com controle ineficaz das crises epilépticas, pois isso também depende do grau de comprometimento apresentado.

No Brasil, temos disponível uma gama de drogas de grande eficácia no controle das convulsões, porém, de 20 a 30% dos pacientes com epilepsia não terão suas crises adequadamente controladas por drogas antiepilépticas (DAE), caracterizando as chamadas epilepsias refratárias, que quase sempre apresentam microconvulsões, com caráter recorrente ao longo do dia.

3. Esclerose tuberosa

Síndrome neurocutânea, caracterizada por significativo comprometimento na região da pele e do SNC (sistema nervoso central), podendo afetar também outros órgãos, porém, em geral, a região cerebral não é afetada de forma significativa.

O Complexo Esclerose Tuberosa (CET) é considerado uma desordem genética, multissêmica, frequentemente associada ao Transtorno do Espectro do Autismo (TEA) –, caracterizando-se basicamente pela presença de tumores benignos (harmatomas) e malformações (harmatias) em um ou vários órgãos, afetando particularmente o SNC, além da pele, rins, retina e o coração (Shwartzman, 2011).

Alguns estudos americanos têm chamado a atenção para o fato de que a prevalência do CET seja de 1:12 mil crianças menores de 10 anos de idade e que, em geral, tem-se observado *comportamento autista ou muito similar* em até 68% dos casos, sendo que cerca de 26% dos casos observados têm demonstrado *comportamentos impulsivos ou hiperativos*, e em até 48% dos casos pode ser comum a presença *de sinais latentes de comportamentos agressivos ou destrutivos*, além de elevada taxa de quadros de *deficiência intelectual*, que gira em torno de 64%.

Portanto, vale destacar a necessidade de serviços de suporte psicoeducacional e, em alguns casos, também abordagens medicamentosas, objetivando assim, melhor funcionalidade e adequabilidade social, especialmente porque essas deficiências hoje recebem amparo das políticas inclusivas e dos serviços dos centros de Atendimento Educacional Especializado (AEE), por equipes multidisciplinares (terapia ocupacional, fonoaudiologia, psicologia, serviços social e neuropsicopedagogia) e também nas Salas de Recursos Multifuncionais (SRM) – pedagogia ou profissional com formação na área da educação e com formações continuadas nessas temáticas da educação especial.

4. Síndrome de Angelman

No ano de 1965, o neurologista Harry Angelman observou crianças com quadros comportamentais muito similares e caracterizou tais situações como uma nova condição nosográfica, que mais tarde ganhou seu sobrenome, síndrome de Angelman. Tal síndrome apresenta-se como resultante de um conjunto de irregularidades no cromossomo 15 (Schwartzman, 2011), que é herdado da mãe, provocando significativo atraso no neurodesenvolvimento da criança, quadro de alterações que já pode ser percebido a partir do primeiro ano de vida.

Os principais sintomas são:

- inabilidade intelectual;
- dificuldades na aquisição da fala e ausência ou o uso mínimo de palavras;
- atraso no desenvolvimento neuropsicomotor (com destaque para atrasos no movimento espontâneo, dificuldades no equilíbrio dinâmico e estático, prejuízos na coordenação motora ampla e fina...);
- distúrbios no sono;
- boca grande e língua protusa, com presença de sorriso frequente e espontâneo, mas sem caráter comunicativo;
- quadro de crises convulsivas – epilepsia – em cerca de 80% dos casos;
- redução ou atraso no desenvolvimento do perímetro cefálico (possível caracterização para microcefalia ou microbraquicefalia);

- hipoplasia da maxila e espaçamento entre os dentes anteriores;
- normalmente realizam movimentos bruscos e com marcha atáxica;
- possível apresentação de estrabismo em alguns casos;
- prejuízos na pigmentação dos cabelos e pele;
- olhos com íris de cor azul-claro;
- alteração sensorial com hipersensibilidade ao calor;
- hiperpigmentação da pele.

A síndrome de Angelman acomete 1 em cada 15 ou 20 mil bebês nascidos (Schwartzman, 2011). Por isso, o fechamento desse diagnóstico torna-se muitas vezes complexo para o médico, especialmente por se tratar de um quadro raro, a respeito do qual houve poucos estudos, e que também pode confundir-se com outras condições médicas semelhantes.

É uma condição permanente, sem reversão do quadro sintomático ou ainda sem possibilidades de cura, porém, as ferramentas interventivas garantem maiores possibilidades de autonomia para o indivíduo e vida independente, especialmente no autocuidado, realização de pequenas tarefas do dia a dia, orientação espacial e temporal, bem como minimização das dificuldades globais e possível ampliação das potencialidades para o processo de ensino e aprendizagem.

Daí a grande necessidade de intervenções por parte de uma equipe multidisciplinar, e em especial do terapeuta ocupacional, que será responsável pela realização de programas de estimulação, promovendo o desenvolvimento de atividades da vida diária como a escovação dos dentes e cuidados com os cabelos, uso de talheres para o processo de alimentação independente, orientação e realização de adequações e atividades assistivas para a locomoção e vestuário, bem como o devido suporte para o contexto escolar e as orientações ao grupo familiar.

A medicação será fundamental em muitos casos, e as atividades fisioterápicas facilitarão diversas aquisições importantes para a realização de atividades cotidianas e a quebra de padrões de enrijecimento muscular que podem estar presentes, assim como a abordagem da fonoaudiologia terá grande importância para a estimulação da linguagem, fala e comunicação, o que também favorece no processo de sociabilidade.

5. Síndrome de Apert

A síndrome de Apert, também conhecida como *Acrocefalossindactilia Tipo I* (quadro patológico caracterizado pela presença marcante de anomalias craniofacial – *acrocefalia*, diretamente associada com particularidades onde os dedos dos pés e os dedos das mãos encontram-se fundidos total ou parcialmente – *sindactilia*), foi descrita e caracterizada por Apert em meados de 1906 como entidade nosográfica.

Uma condição médica marcada especialmente por alteração genética, que pode ser herdada dos pais, ou ainda uma mutação genética ocorrida durante o processo gestacional, principalmente nos meses iniciais de gestação, período de maior vulnerabilidade fetal para ocorrência de malformações ou alterações gênicas.

Dentre as principais particularidades dessa síndrome, destacam-se o comprometimento da cabeça, com diversas manifestações anômalas e graus variáveis de *sindactilia* (pés e mãos encontram-se fundidos total ou parcialmente), além de outras alterações complexas também das mãos e dos pés.

Condição rara, que pode ocorrer uma vez a cada 200 mil nascimentos (1:200.000), e de causa ainda desconhecida, entretanto, pode ser considerada pelos estudiosos como um distúrbio genético com forte herança dominante.

A síndrome de Apert, como manifestação a partir de mutação genética, é ainda mais esporádica.

Na síndrome de Apert dita verdadeira, a mão apresenta-se com forte aparência de uma luva com sindactilia complexa e completa dos dedos: indicador, médio e anular. Os três dedos centrais estão fundidos com união óssea interdigital e uma unha comum. Normalmente, o dedo mínimo exibe sindactilia de partes moles com o dedo anular, mas com uma unha independente.

O polegar geralmente é de tamanho curto e desviado radicalmente na articulação metacarpofalangiana; algumas vezes esse mesmo dedo se apresenta separado dos demais, mas pode também estar unido com os outros dedos. A palma da mão tem uma forma incomum de colher e funciona como uma espécie de remo, com apresentação de movimentos grosseiros, que, com intervenções pontuais, podem ser utilizados funcionalmente para a realização de atividades do dia a dia (Tachdjian, 1995).

As principais configurações de mãos associadas à síndrome de Apert podem se apresentar em três características particularizadas:

- Classe I – com total fusão dos dedos 2, 3 e 4, com os dedos 1 e 5 separados;
- Classe II – com total fusão dos dedos 2, 3, 4 e 5, com o dedo 1 separado; e
- Classe III – fusão completa de todos os dedos, apresentando aspecto disforme e com prejuízos na funcionalidade para o uso da mão, dificultando, assim, a realização de pinças e o bom desenvolvimento para coordenação motora fina e execução de atividades da vida diária.

Vale destacar a importância dos serviços de terapia ocupacional dentro de uma abordagem multidisciplinar, pois se faz fundamental propostas para a estimulação precoce desde tenra idade, especialmente para a promoção do desenvolvimento neuropsicomotor satisfatório. Além das dificuldades descritas para essa condição, podem também vir associadas algumas comorbidades que dificultarão ainda mais a autonomia de pessoas com esse quadro apresentado. Daí a necessidade de abordagens multidisciplinares que favoreçam estratégias promotoras do desenvolvimento neuropsicomotor e adequação comportamental para adaptabilidade.

6. Síndrome de Cornélia de Lange

Condição cromossômica, descrita em 1933 e com quadro caracterizado por apresentar retardo de início pré-natal, bem como manifestações sintomáticas com sinais evidentes de retardo do crescimento, com baixa estatura, atraso significativo na idade óssea, presença de hipertonia, presença de prejuízos intelectuais significativos (caracterizando a deficiência intelectual ou transtorno do desenvolvimento intelectual), manifestação de choro tipo rosnar baixo, braquicefalia e fácies típica, consequentemente padrão dismórfico facial com orelhas pequenas, pescoço em cadeia, boca de carpa e lábio superior fino com inclinação para baixo e *philtrum* longo, ponte nasal diminuída com nariz pequeno e narinas antevertidas, sobrancelhas longas e recurvadas se encontrando ao meio, presença de *hirsutismo* – que é o perceptível e acentuado crescimento de pelos nas regiões dos braços, pernas e sobrancelhas, além de malformações das mãos (Schwartzman, 2011).

Além do quadro acima descrito, podem ainda ser percebidas, em pessoas com a síndrome de Cornélia de Lange, alterações nas extremidades e na genitália externa. Registram-se ainda várias alterações comportamentais que dificultam sua sociabilidade, dentre elas a autoagressão/automutilação (que pode estar diretamente associada aos quadros de ansiedade e de refluxo gastroesofágico – RGE, que provocam desconforto e sensações de dor, consequentemente alterando os comportamentos pela dificuldade na autorregulação), e isso pode estar presente em cerca de 60% dos casos (Oliver, 2006).

A síndrome de Cornélia de Lange pode ocorrer esporadicamente ou estar associada a um padrão de herança autossômica dominante ou com a duplicação do braço longo do cromossomo 3, bem como pela mutação no gene N1-PBL, localizado no cromossomo 5 (Schwartzman, 2011).

Diante dos sintomas e manifestações anteriormente descritos para essa síndrome, faz-se necessária abordagem multidisciplinar e terapia medicamentosa para alguns casos, especialmente quando há presença de comportamentos alterados, bem como implementação de estratégias de intervenção clínica e institucional, e a garantia de que os indivíduos com esse quadro apresentado terão seus direitos assegurados ao acesso escolar e a serviços de Atendimento Educacional Especializado (AEE), seja de natureza complementar ou suplementar, se assim for necessário. A Política Nacional de Educação Especial na Perspectiva da Educação Inclusiva os ampara legalmente para o acesso escolar, garantindo matrícula e permanência nesses espaços com possibilidades de intervenções para que sua evolução global possa acontecer.

7. Síndrome de Dandy Walker

A síndrome de Dandy Walker, também conhecida como Complexo de Dandy Walker, é considerada uma condição diagnóstica muito peculiar, que, em geral, é caracterizada por apresentar malformação cerebral congênita, acometendo especialmente o cerebelo (estrutura cerebral de grande importância para a psicomotricidade, principalmente o controle e organização dos movimentos, da postura e dos equilíbrios dinâmico e estático, que também participam, com outras estruturas cerebrais, do processo de coordenação para a articulação da fala, para a aquisição e perfeita retenção para a memória e cognição, que é o aprendizado pelo uso das percepções), além de acometer os espaços repletos de líquido circunvizinhos ao cerebelo (Braga, 2018).

Ainda não existe exatidão sobre qual é ou quais são os elementos causadores desta condição tão particular, embora se saiba que a ocorrência familiar já tenha sido relatada. Acredita-se que ela resulte de uma combinação de múltiplos fatores genéticos e ambientais.

Alguns desses fatores predisponentes para essa síndrome englobam exposição à rubéola, citomegalovírus, toxoplasmose, uso abusivo de álcool e/ou isotretinoína durante o primeiro trimestre gestacional, dentre tantos outros fatores de risco.

Sua incidência é de 1 indivíduo em cada 25 a 35 mil nascidos vivos, acometendo igualmente ambos os sexos (Ewald, 2006).

A síndrome de Dandy Walker ainda é responsável por aproximadamente 1 a 4% da totalidade dos casos de *hidrocefalia* (que se caracteriza pelo acúmulo excessivo de fluído – líquido cefalorraquidiano – dentro dos ventrículos – espaços no cérebro – ou do espaço subaracnoide), que pode também provocar o surgimento de outras dificuldades cerebrais, comprometendo o desenvolvimento neuropsicomotor da criança.

Indivíduos com quadros de hidrocefalia podem apresentar problemas no processo de ensino e de aprendizagem associados a déficits de atenção e concentração, capacidade de raciocínio lógico, prejuízos na memória curta, dificuldades de coordenação motora ampla e fina, prejuízos de organização,

1. A ligação do cobre com o seu transportador ceruloplasmina fica comprometida e ocorre depósito anômalo do mineral em diferentes órgãos e tecidos (Harrison, 1984).

2. As células do fígado, que são as responsáveis pela eliminação do excesso de cobre do organismo através da bile, não conseguem suprir essa função de maneira adequada e também acabam por acumular o mineral (Llanillo, 2003). Esse depósito ou acúmulo anômalo de cobre promove a disfunção dos diferentes órgãos e, consequentemente, justifica os sintomas clínicos manifestos pela síndrome (Harrison, 1984). Assim como a grande maioria das condições metabólicas de origem genética, a síndrome de Wilson apresenta herança autossômica recessiva. Dessa forma, cada irmão ou irmã de um indivíduo afetado pela síndrome tem, em média, 25% de chances de também apresentar a mesma condição médica, enquanto os pais e filhos de um indivíduo afetado têm chance muito baixa (cerca de 1%) de também ser acometido da doença.

Os sintomas apresentados pelos pacientes têm grande variabilidade e são decorrentes do depósito anômalo de cobre nos diversos órgãos e tecidos.

Os principais prejuízos advindos dessa condição médica são neurológicos, psiquiátricos, hematológicos e hepáticos.

- Os prejuízos neurológicos envolvem tremores, perda do controle para a coordenação motora ampla, perda gradativa no controle da coordenação motora fina (que quase sempre é percebido com a regressão da escrita e a crescente dificuldade na realização de movimentos que exigem precisão), prejuízos na realização de movimentos involuntários de grande amplitude, alteração da marcha (maneira de andar anômala), rigidez muscular, dificuldade durante a deglutição, alteração durante a articulação da fala, dentre outros (Compston, 2009);

- A anemia por destruição direta das hemácias (anemia hemolítica) que acontece pelo excesso de cobre é o principal distúrbio hematológico.
- Quadro de depressão é a manifestação psiquiátrica mais comum, porém, também se observam quadros de fobias, comportamentos compulsivos, agressão...
- O fígado é o principal órgão acometido, e desse acometimento podem advir achados clínicos como: icterícia (aumento de bilirrubinas), hepatite (destruição das células do fígado) e cirrose hepática, especialmente em estágios mais avançados da síndrome.
- Outros achados incluem os famosos anéis de Kayser-Fleischer na córnea (observados pelo oftalmologista), alterações renais (presença de hemácias ou proteína na urina), osteoporose (fragilidade óssea), pancreatite, alterações cardíacas (arritmia, dilatação cardíaca, insuficiência cardíaca).

Existem ainda inúmeros sintomas inespecíficos, como fadiga, cansaço, indisposição.

Os sintomas que devem suscitar a suspeita para a síndrome de Wilson são:
- alterações neurológicas progressivas e sem definição de causa;
- alterações comportamentais;

- disfunção do fígado de caráter persistente e sem causa definida e presença de anéis de Kayser-Fleischer em exame de rotina com o oftalmologista.

- testes bioquímicos/metabólicos aliados à presença dos anéis de Kayser-Fleischer ou o teste do DNA são indicados para a definição diagnóstica.

O tratamento medicamentoso é uma das primeiras medidas propostas pelo médico e seu objetivo é diminuir os estoques de cobre no organismo.

O tratamento multidisciplinar deve envolver equipe composta por hepatologista, neurologista, psiquiatra, oftalmologista, clínico geral ou pediatra (a depender da idade de início) e equipe de reabilitação para promoção de aquisições necessárias a uma vida mais funcional e independente (terapeuta ocupacional, fisioterapeuta, psicomotricista, psicólogo, nutricionista e abordagem neuropsicopedagógica para intervenções voltadas ao processo de inclusão e promoção de aquisições que favoreçam a aprendizagem).

O único tratamento que promove a cura da síndrome de Wilson com total normalização do metabolismo do cobre é o transplante hepático. O controle clínico e medicamentoso pode evitar ou, ao menos, retardar a progressão do quadro na maioria dos indivíduos. O tratamento deve ser instituído o mais breve possível, mesmo antes dos sintomas, e deve durar por toda a vida. O principal método de prevenção das complicações é o diagnóstico precoce. Esta é a chave para a adoção rápida do acompanhamento clínico e tratamento medicamentoso ideais (Compston, 2009).

11. Síndrome de Goldenhar

Condição médica particular e de etiologia ainda desconhecida, mas com algumas alterações cromossômicas já identificadas por pesquisadores, a síndrome de Goldenhar apresenta-se como uma condição médica marcada pela displasia oculoauriculovertebral, com ocorrência estimada em 1:3 mil a 1:5 mil indivíduos, manifestando-se com discreta maioria em pessoas do sexo masculino e com estimativa de deficiência intelectual (transtorno do desenvolvimento intelectual) em até 13% dos casos (Schwartzman, 2011).

Essa síndrome é caracterizada por apresentar, em seu quadro particular, uma associação de anomalias que representam diversos problemas na morfogênese do 1º e 2º arcos branquiais, que, por vezes, podem vir acompanhados de anomalias vertebrais e anomalias oculares muito específicas. É possível que os tipos de anormalidades físicas encontradas nessa síndrome estejam diretamente ligados a alterações ou disfunções das estruturas neurais ocorridas na segunda metade do trimestre gestacional, o que pode sugerir, em alguns casos, associação com o autismo em virtude dessa disfunção e período gestacional muito específico (Pinto, 2008).

Normalmente, as anomalias encontradas são usualmente assimétricas, incluindo hipoplasias malar, maxilar ou mandibular, bem como hipoplasia da musculatura facial, além de orelhas incompletas ou ausentes e com possível perda da capacidade auditiva, presença de cistos dermoides pré--auriculares, anomalias funcionais da língua e microssomia hemifacial. É comum que um dos olhos possa apresentar-se muito desenvolvido ou ainda ausente (Schwartzman, 2011). Diante das particularidades apresentadas por essa condição médica específica, faz-se emergencial a promoção de estratégias multidisciplinares já em tenra idade, para que alguns avanços sejam conquistados. Trata-se de uma condição de prejuízo em nível global, portanto, a estimulação precoce é o primeiro caminho a ser percorrido para que algumas aquisições sejam viabilizadas e a pessoa com a síndrome de Goldenhar possa ter condições de uma vida mais funcional e menos comprometimentos como barreiras de impedimentos para essa autonomia (Pinto, 2008).

Em alguns casos, correções cirúrgicas serão necessárias e, posteriormente ou em paralelo a esses procedimentos, o terapeuta ocupacional pode intervir estimulando esse indivíduo a partir de situações que favoreçam seu desenvolvimento neuropsicomotor, que, pela própria condição apresentada, já se encontra deficitário, o que irá propiciar que determinadas aquisições, tão necessárias para seu desenvolvimento global e possível capacidade de vida autônoma, sejam complementadas ou suplementadas.

12. Síndrome de Joubert

Condição médica que se dá pela transmissão de forma autossômica recessiva e caracteriza-se pela agenesia total ou parcial do verme cerebelar, além de alterações em estruturas encefálicas como a dilatação do 4º ventrículo e as displasias dos núcleos cerebelares, diminuição da ponte, ausência da decussação dos feixes piramidais, anormalidades do trato trigeminal e discreta meningocele occipital, causando, assim, quadro marcante de taquipineia episódica, que, por vezes, se alterna com apneias prolongadas, presença de sucessivos movimentos oculares anormais, com protusão da língua, além de marcada hipotonia, ataxia, alterações sensoriais com marcante dificuldade diante de ruídos, amaurose, crises de espasmos musculares, presença de sindactilia, quadros de doença cística renal, colobomas e ptose palpebral, que, em geral, determina atrasos significativos no neurodesenvolvimento (Schwartzman, 2011).

Além do quadro acima descrito, pode-se ainda caracterizar essa síndrome pela presença de um sinal muito particular, que é o "sinal do dente molar" visualizado pelo exame de RM, bem como a deficiência intelectual (transtorno do desenvolvimento intelectual) que, em regra geral, apresenta-se de forma severa ou profunda, embora em alguns casos possa se manifestar de forma mais leve.

O diagnóstico para a síndrome de Joubert é clínico e feito com base no quadro antes descrito, sendo necessária a realização de encaminhamentos para exames de neuroimagem, confirmando a partir desse exame a hipoplasia ou agenesia do verme cerebelar.

Em algumas situações particularizadas e pelo forte indicativo de prejuízos cerebelares, costuma-se associar essa condição médica aos quadros de autismo, o que pode determinar uma possível comorbidade. Para tanto, é preciso uma abordagem multiprofissional específica e encaminhamentos para estimulação precoce, bem como mediação pelas intervenções propostas por terapeuta ocupacional, que irá trabalhar a partir de ferramentas promotoras para a garantia de aquisições necessárias a um melhor desenvolvimento neuropsicomotor e, assim, melhores possibilidades para uma vida funcional e autônoma.

13. Síndrome de Marfan

Síndrome de Marfan, considerada uma condição hereditária que afeta diretamente o tecido conjuntivo – que é o responsável pelo fortalecimento das estruturas do nosso corpo. Em virtude desse prejuízo, ela atinge áreas importantes do coração, olhos, vasos sanguíneos e também o esqueleto (Le Parc, 2005).

Indivíduos com essa síndrome são em geral de estaturas altas e corpos magros, com braços, pernas e dedos desproporcionalmente alongados. Essas características, em geral, definem o que os médicos chamam de aracnodactilia.

Condição médica de caráter autossômico dominante, ou seja, apenas uma única mutação em um dos alelos cromossômicos é necessária para que haja as manifestações clínicas dos sintomas descritos.

Em geral, temos um total de 46 cromossomos, que são divididos em 23 pares – um que é herdado da mãe e o outro, do pai. Esses pares de cromossomos são iguais e os genes que os compõem ocupam sempre o mesmo lugar em ambos. Cada gene que ocupa o mesmo lugar é chamado de alelo. Quando ocorre uma mutação em apenas um dos alelos, surgem os sintomas de uma condição médica de caráter autossômico dominante, como é o caso da *síndrome de Marfan*.

É no cromossomo 15 que essa mutação ocorre, e ela pode ser herdada, no caso de o pai ou a mãe também apresentarem as mesmas manifestações clínicas, ou pode ter acontecido pela primeira vez, no caso de uma nova mutação.

A incidência para diagnósticos esporádicos é de apenas 30%, enquanto a incidência da síndrome de Marfan entre pessoas de uma mesma família corresponde a até 70%. Isso pode acontecer porque pessoas diagnosticadas com essa condição médica têm em média até 50% de chances de transmitir a síndrome para seus filhos, mesmo assim, estima-se que a incidência geral de síndrome de Marfan seja considerada muito baixa, aproximadamente uma em cada 10 mil pessoas nascem com essa mutação.

Os principais sinais e sintomas da síndrome de Marfan costumam variar de paciente para paciente, mesmo que ele pertença à mesma família.

Vale lembrar que nem todas as pessoas diagnosticadas com essa síndrome apresentam todas as manifestações clínicas características, que, em geral, podem acometer principalmente o tecido conjuntivo de três sistemas importantes do nosso organismo (Dean, 2002):

- O *sistema esquelético* – responsável pela sustentação do nosso corpo.
- O *sistema cardíaco* – que favorece o bombeamento de sangue e o fornecimento de oxigênio para todo o corpo.

- O *sistema visual (ocular)* – que faz parte dos nossos sistemas sensoriais, tão importantes para nossa capacidade de sensopercepção, aprendizado e leitura de mundo, orientação espacial e adaptabilidade social.

Isso em geral acontece porque o gene afetado pela mutação é responsável por produzir uma proteína chamada fibrilina – um importante componente encontrado na formação das fibras elásticas do nosso corpo.

A fibrilina é comum a esses três sistemas anteriormente descritos, e também está muito presente no tecido que dá sustentação aos órgãos. Ela geralmente é encontrada em grandes quantidades, principalmente nos ligamentos entre os ossos, no cristalino dos olhos e na camada interna das artérias – principalmente na artéria aorta, que é a maior artéria do corpo humano.

A mutação genética provocada pela síndrome faz o corpo produzir quantidades maiores dessa proteína, o que, por sua vez, leva ao surgimento dos principais sinais e sintomas da síndrome de Marfan.

Veja quais os principais sinais e sintomas apresentados nos sistemas abaixo (Le Parc, 2005).

- No *sistema esquelético* podem-se observar pessoas com estatura elevada, o que favorece o surgimento de alterações de coluna, como a escoliose; também se observam braços, pernas, mãos e dedos alongados (caracterizados pelos médicos como aracnodactilia), além da presença de deformidade torácica e pé chato, que, por sua vez, dificulta a manutenção do equilíbrio e da sustentação, e, ainda, a curvatura da coluna espinhal, que compromete atividades de locomoção e vida funcional e apinhamento dental.

- No *sistema cardíaco,* a síndrome comumente afeta o funcionamento do coração, provocando prolapso da válvula mitral, dilatação da aorta, sopro no coração (é o nome de um ruído que pode ser ouvido ["auscultado", em termo técnico] no peito durante um exame físico).

- No *sistema visual* (ocular) podem-se descrever alguns dos prejuízos mais comumente observados, que é tendência à miopia (deficiência visual que dificulta a visualização de objetos que estão longe), luxação do cristalino e deslocamento da retina.

Por se tratar de uma condição médica com diversas particularidades, faz-se importante uma avaliação criteriosa com alguns especialistas que podem diagnosticar a síndrome de Marfan: clínico geral, ortopedista, oftalmologista, pediatra, cardiologista, reumatologista e geneticista.

O diagnóstico para a síndrome de Marfan ainda é um grande desafio para os médicos em geral, pois seus principais sinais e sintomas característicos podem ser encontrados, em maior ou menor grau, em muitas outras condições médicas semelhantes, o que pode confundir em algumas questões pontuais. Outro ponto relevante é que os sintomas podem também variar entre pacientes de uma mesma família, tanto no que diz respeito às manifestações clínicas apresentadas quanto no que se refere à gravidade e à intensidade dos sintomas apresentados.

Para o diagnóstico de síndrome de Marfan, é necessário que o paciente apresente um conjunto específico de sinais e sintomas e que tenha, principalmente, histórico familiar para esse quadro diagnóstico (Dean, 2002). Logo, alguns testes específicos e alguns exames também podem ajudar o especialista a definir se é síndrome de Marfan ou não:

- *ecocardiograma* – utiliza ondas sonoras para capturar imagens do coração em tempo real, enquanto o paciente se movimenta, ajudando, assim, a verificar a condição das válvulas cardíacas e da aorta;

- *tomografia computadorizada* e *ressonância magnética* – podem também ser utilizadas para melhor diagnosticar a síndrome de Marfan;

- *exame de lâmpada de fenda* – que verifica possíveis deslocamentos de retina ou a presença de outras condições oculares específicas, como catarata ou luxação do cristalino;

- *teste de pressão ocular* – verifica a presença ou não de glaucoma;

- *testes genéticos* específicos também podem ser feitos, caso os resultados apresentados nos exames citados não sejam claros o suficiente para uma definição diagnóstica precisa.

Embora ainda não exista uma cura para a síndrome de Marfan, o tratamento concentra-se na prevenção de possíveis complicações advindas dessa condição. Logo, com a utilização de programas e métodos terapêuticos diversificados, pacientes com essa síndrome podem ter uma vida normal, desde que sigam as estratégias e as orientações estabelecidas pelo tratamento (Dean, 2002).

Em geral, os médicos costumam prescrever alguns medicamentos que podem favorecer o controle da pressão arterial, o que ajuda a prevenir o aumento da aorta com o passar dos anos. Isso diminui também os riscos de dissecção e ruptura dessa artéria. Outros medicamentos específicos ajudam o coração a bater mais devagar e com menos força.

A cirurgia pode ser considerada outra boa estratégia, dependendo da apresentação dos sinais e sintomas. Normalmente, as correções cirúrgicas mais indicadas são: reparação de aorta, tratamento de escoliose, correções no esterno e cirurgias oculares.

Vale destacar que uma pessoa com síndrome de Marfan pode ter restrições com relação a algumas atividades esportivas mais competitivas e certas atividades recreativas, principalmente se houver risco de ruptura ou dissecção da aorta. A prática de exercícios físicos intensos geralmente leva a um aumento na pressão arterial, o que consequentemente coloca pressão extra sobre a aorta e aumenta as chances de complicações. Atividades menos intensas, como caminhada, exercícios passivos livres e passivos assistidos, condicionamento funcional leve, são mais seguras e não oferecem riscos.

Por se tratar de uma condição genética, não existem formas específicas de prevenir a ocorrência da síndrome de Marfan.

14. Síndrome de Moebius

Condição médica caracterizada pela presença de paralisia facial – perda dos movimentos do rosto –, o que por sua vez dificulta a realização funcional de expressões faciais (Schwartzman, 2011).

A paralisia facial apresentada pela síndrome de Moebius pode ser *total* (quando o paciente não consegue realizar nenhum movimento com os músculos da face) ou *parcial* (quando o paciente consegue realizar parcialmente alguns movimentos faciais, porém, ainda de forma bastante reduzida).

Nesse contexto da paralisia facial, são afetados os movimentos dos olhos e os movimentos da face que exprimem emoções, dificultando a comunicação não verbal e algumas expressões.

Ainda no tocante à caracterização dessa condição médica, é comum se observar em alguns pacientes a presença de raquitismo ou tendência à obesidade, quadros comórbidos de autismo, prejuízos intelectuais variáveis, alterações comportamentais, deficiência intelectual, presença de sialorreia (baba), encurtamento do palato dentário, que dificulta o processo de respiração e a fala, bem como alterações de fala e comunicação, dentre tantas outras complicações.

Faz-se necessária abordagem multiprofissional e planos de atendimentos individualizados, bem como ferramentas de auxílio que favoreçam seu processo de sociabilidade e inclusão escolar, visto que possivelmente venham a ter dificuldades em adequar-se aos programas de ensino tradicionais.

15. Síndrome de Noonan

A síndrome de Noonan é considerada uma patologia genética, de caráter autossômico dominante, ocasionando um desenvolvimento anormal de diversas partes do corpo (Gamboa, 2014).

Por se tratar de uma condição médica que interfere no crescimento corporal, é por sua natureza considerada um tipo de *nanismo* (considerado na atualidade como um tipo de deficiência física), e é consequência de um problema hormonal ou médico que faz com que o corpo não cresça e se desenvolva como deveria, deixando a pessoa com altura máxima de 1,47 m, recebendo a denominação de anã, embora "pessoa de baixa estatura" seja a expressão mais aceita. Logo, a síndrome de Noonan classifica-se como deficiência física e acomete 1 em cada 2.500 indivíduos nascidos vivos, afetando igualmente ambos os sexos (Schwartzman, 2011).

Foi reconhecida como entidade nosográfica no ano de 1963, quando Noonan e Ehmke descreveram diversos pacientes que apresentavam como características uma face incomum e presença de malformações múltiplas, abrangendo doenças cardíacas congênitas. Por algum tempo, confundiu-se essa condição médica com a síndrome de Turner, por ambas apresentarem quadros diagnósticos muitos similares. As manifestações clínicas da síndrome de Noonan incluem, além da baixa estatura (Ranke, 1988):

- *características faciais incomuns, com* maxilar estreitado, mandíbula pequena para o tamanho do rosto, olhos bem separados e amendoados e orelhas com formato anormal;

- *pescoço alado* e perceptível *deformidade torácica;*
- *cardiopatia congênita* (comum em cerca de 50% dos casos);
- *deficiência intelectual* (numa média de até 25% dos casos);
- *órgãos genitais pouco desenvolvidos.*

O diagnóstico é observacional e feito com base nas características clínicas apresentadas. Portanto, deve ser realizado o diagnóstico diferencial com outras patologias de origem genética e características similares.

Não existe cura para esta condição médica, e o tratamento é feito com base na sintomatologia apresentada pelo paciente. Habitualmente, pacientes com essa síndrome apresentam uma expectativa de vida dentro da normalidade, bem como inteligência dentro dos parâmetros normais.

16. Síndrome de Prader-Willi

A síndrome de Prader-Willi, categorizada como condição genética rara, provoca acentuados problemas metabólicos, alterações comportamentais, flacidez muscular generalizada e atraso no neurodesenvolvimento, assim como marcante característica de surgimento de fome excessiva, após os 2 anos de idade, o que pode acabar levando ao surgimento de quadros diagnósticos de obesidade, diabetes e outras condições comórbidas (Jin, 2011).

Embora não exista cura para essa condição médica, alguns tratamentos podem favorecer a qualidade de vida e a autonomia para uma vida independente, como suportes da terapia ocupacional – que se utiliza de ferramentas lúdicas e abordagens específicas para promoção de atenção, concentração, interesse, iniciativa, sensopercepção, socialização, autoexpressão, coordenação motora ampla e fina e atividades da vida diária para uma vida independente.

Outros serviços multidisciplinares envolvem fisioterapia, fonoaudiologia, neuropsicopedagogia e psicoterapia, que podem ajudar a diminuir os sintomas e proporcionar melhor qualidade de vida e sociabilidade.

As características da síndrome de Prader-Willi variam de caso para caso e, geralmente, são diferentes, de acordo com a idade.

Bebês e crianças de até 2 anos de idade podem apresentar quadro sintomático diversificado (JIN, 2011):

- fraqueza muscular com perceptível flacidez muscular de braços e pernas;
- dificuldade ou prejuízo no reflexo de sucção, que pode acontecer devido à fraqueza muscular que impede que a criança puxe o leite durante a mamada, consequentemente, comprometendo o exercício da musculatura orofacial e interferindo na aquisição da fala e dentição;
- apatia, dando ao bebê aparência de estar constantemente cansado, sem iniciativa e desmotivado, além de pouca resposta para os estímulos do meio;
- genitais pouco desenvolvidos, com tamanhos desproporcionalmente pequenos ou inexistentes.

Em crianças e adultos, é possível perceber outras manifestações sintomáticas, que, se não reguladas, podem levar a outros prejuízos globais (Cassidy, 2008):

- constante comportamento com manifestação de queixas de fome excessiva, em que a criança está constantemente comendo e sempre em grandes quantidades, além de quadro de ansiedade, manifestando estar frequentemente procurando por comida nos armários ou até mesmo na lixeira;
- atraso no crescimento e desenvolvimento global, sendo comum observar que a criança é mais baixa que o normal e tem menos massa muscular, se comparada às demais;
- dificuldade no processo de ensino e aprendizagem, em que se pode evidenciar demora no tempo para aprender a ler, escrever ou, até mesmo, para resolver problemas comuns do dia a dia;
- dificuldades na aquisição da fala, com perceptível atraso na capacidade de articulação das palavras, até mesmo na idade adulta;
- existência de malformações corporais, com destaque para mãos pequenas, presença de escoliose, alterações na forma do quadril ou falta de cor nos cabelos e pele;
- ainda é comum em muitos casos problemas de comportamentos, especialmente baixa capacidade de tolerância diante de frustrações, atitudes frequentes de raiva ou irritabilidade, rituais e rotinas muito repetitivos e rígidos, ou quadros de agressividade quando algo lhe é negado, especialmente no caso de comida.

A síndrome de Prader-Willi é o resultado de uma alteração nos genes de um segmento no cromossomo 15, comprometendo de forma significativa as funções do hipotálamo, o que desencadeia os sintomas apresentados desde o nascimento da criança. Essa alteração no cromossomo pode ser herdada do pai, mas também existem casos em que acontece de forma aleatória (Cassidy, 2008).

O diagnóstico geralmente é feito através da observação dos sintomas e de exames genéticos, indicados para recém-nascidos que apresentem tônus muscular abaixo do esperado.

O tratamento para a síndrome de Prader-Willi varia de acordo com os sintomas e com as características de cada caso, por isso, fazem-se importantes intervenções com equipe multidisciplinar, uma vez que podem ser necessárias diferentes abordagens, como:

- tratamento com uso de hormônio do crescimento, normalmente utilizado em crianças para estimular o crescimento, podendo evitar a baixa estatura e auxiliando na melhora da força muscular;
- tratamento nutricional, objetivando controlar os impulsos de fome, auxiliando na melhora do desenvolvimento dos músculos e fornecendo os nutrientes necessários;
- tratamento com terapia hormonal, habitualmente usada quando existe atraso no desenvolvimento dos órgãos sexuais da criança;
- abordagem psicoterápica, para ajudar a controlar as alterações comportamentais da criança, assim como para evitar o surgimento dos impulsos de fome.

- intervenções terapêuticas ocupacionais que favoreçam o processo de estimulação para atenção (seletiva, sustentada e dividida), capacidade de concentração, capacidade para tomada de decisões, iniciativa e interesse, promoção para orientação espacial e temporal, treino de atividades da vida diária – AVDs, para uma vida independente e adequação curricular para adaptabilidade escolar e ampliação de seu rendimento de aprendizagem sistemática e assistemática.

17. Síndrome de Rett

A síndrome de Rett é uma condição genética rara, não hereditária, que afeta, na maioria dos casos, pessoas do sexo feminino e a forma como o cérebro dessas pessoas se desenvolve, porém, já existem relatos desde 2011 de casos de SR também em meninos, mas ainda em menor proporção.

A maioria dos bebês com síndrome de Rett parece desenvolver-se normalmente nos primeiros meses de vida, porém, por volta do sexto mês, os primeiros sintomas começam a aparecer, evidenciando parada ou regressão nas aquisições até então conquistadas.

Crianças que nascem com a síndrome passam a apresentar problemas crescentes ao longo do seu desenvolvimento global, especialmente alterações relativas aos movimentos, coordenação e capacidade para comunicação, podendo, inclusive, em alguns casos, ter prejudicadas as capacidades de usar as mãos, andar e comunicar-se com outras pessoas funcionalmente.

Por muitos anos, essa condição médica foi diagnosticada e classificada pelo DSM-IV-TR (APA, 2002) como um tipo de autismo, além de ser confundida com quadros de paralisia cerebral ou ainda com outro problema de desenvolvimento desconhecido.

Hoje, há muito mais informações disponíveis sobre essa condição e, apesar de não haver cura, diversas formas inovadoras de tratamento têm sido estudadas e cada vez mais resultados funcionais têm sido alcançados, especialmente quando em abordagens multidisciplinares (terapia ocupacional, fonoaudiologia, fisioterapia, psicomotricidade, psicopedagogia, neuropsicopedagogia, nutrição), além da aplicação de diversos programas e métodos pontuais para cada caso em particular.

A síndrome de Rett apresenta-se em estágios de evolução de acordo com sua manifestação sintomática, podendo ser dividida em quatro principais estágios (Schwartzman, 2000):

Estágio I – Nesse primeiro momento, os sinais e sintomas se apresentam de forma mais sutil, começando entre os 6 e 18 meses de idade, quando já se pode perceber bebês com dificuldades no contato visual, perda de interesse pelos brinquedos e perceptíveis atrasos em aprender a sentar ou engatinhar (posição de gatas) – (desenvolvimento neuropsicomotor) (Amir, 1999).

Estágio II – entre o primeiro e o quarto ano de idade, as crianças com síndrome de Rett gradualmente perdem a capacidade de falar e de usar as mãos funcionalmente e de forma proposital, e surgem movimentos manuais repetitivos e involuntários. Neste estágio, algumas crianças tendem a comportamentos como segurar a respiração ou respirar rápido demais, além de gritos ou choro sem motivo aparente. Muitas vezes, é difícil para elas se moverem por conta própria, necessitando de suporte profissional ou auxílio de um cuidador devidamente preparado e com segurança em seu manejo.

Estágio III – este estágio acontece entre os 2 e os 10 anos de idade e pode se perpetuar por muito tempo. Nesse sentido, os problemas com movimentos continuam, mas o comportamento tende a melhorar aos poucos: as crianças tendem a chorar menos e se tornam menos irritáveis, consequentemente, pode ocorrer também o aumento do contato visual e o uso das mãos para se comunicar.

Estágio IV – caracterizado como a última fase, que pode ser marcada pela mobilidade reduzida, fraqueza muscular e escoliose. O entendimento, as capacidades para a comunicação social e a movimentação das mãos geralmente não pioram durante este estágio; em alguns casos, os movimentos repetitivos e involuntários das mãos podem até mesmo diminuir. No entanto, em consequência de outros comprometimentos, o risco de morte súbita é cada vez maior nessa fase, portanto, requer atenção redobrada por parte da família e manutenção dos serviços de estimulação.

A síndrome de Rett é causada por inúmeras mutações genéticas que se dão no cromossomo sexual X, mais especificamente no gene MECP2, acometendo diversos pontos específicos desse gene. As mutações genéticas que provocam a síndrome geralmente ocorrem de forma espontânea e aleatória (Jost, 2011).

A síndrome de Rett é uma condição muito rara. Sua incidência global é de aproximadamente 1 a cada 10 mil pessoas. Além disso, os dois únicos fatores para a síndrome são: ser do sexo feminino e possuir mutações específicas no gene MECP2, as quais podem levar ao desenvolvimento da síndrome.

Se já é considerada uma condição rara em mulheres, em pessoas do sexo masculino é ainda mais (Coleman, 1990).

São poucos os casos de homens que nasceram com essa particularidade, e uma das explicações é que indivíduos do sexo masculino possuem os cromossomos sexuais X e Y, de modo que, nas raras ocasiões em que acontecem mutações no cromossomo X, as consequências tendem a ser muito piores (Jost, 2011).

A maioria dos meninos que nasce com a síndrome morre antes mesmo do nascimento ou ainda durante os primeiros meses de vida; também pode acontecer de meninos com essa condição não desenvolverem uma versão tão grave da síndrome. Esses casos, que são mais raros, permitem que a pessoa viva por muitos anos (Coleman, 1990).

A gestação de bebês com a síndrome de Rett geralmente ocorre de forma natural. Após o nascimento, a maioria das crianças com as mutações genéticas correspondentes à síndrome parece crescer e se comportar normalmente durante os primeiros 6 meses de vida. Depois disso é que os primeiros sinais e sintomas começam de fato a aparecer. As alterações mais nítidas geralmente ocorrem durante o primeiro ano, entre o décimo segundo e o décimo oitavo mês.

O quadro sintomático para a síndrome pode ser caracterizado pela presença de importantes manifestações que variam de caso a caso. Veja a seguir.

- *Aerofagia*, caracterizada como a ingestão excessiva de ar, que se pode acumular na região do esôfago e do estomago, interferindo de forma significativa na alimentação e nos processos respiratórios. Ela pode ainda provocar distensão abdominal, causando desconforto ao paciente. Pode ocorrer a hiperventilação – padrão respiratório com ritmo rápido para promover ventilação pulmonar elevada, resultando na redução da pressão de dióxido de carbono, que, se for prolongada, pode levar a alcalose (desequilíbrio dos ácidos corpóreos), que é uma das causas mais comuns da aerofagia.

- Pessoas com síndrome de Rett são acometidas de prejuízos ou disfunção dos hemisférios cerebrais, especialmente do lobo parietal. A maioria dos casos dentro dessa condição apresenta alguma forma de *apraxia* (impossibilidade de realização de movimentos mais precisos para a coordenação motora ampla e fina): *mãos* – para a realização de pinças funcionais em atividades do dia a dia; *pés* – andar em direção a alguma coisa ou atender a solicitações; *olhos* – movimentar os olhos em direção a algum comando; *movimentos sequenciados e combinados* – vestir-se, alimentar-se, pentear-se, escovar os dentes, fechar um botão...;

dificuldades nos movimentos orais – tão necessários para a articulação da fala e a comunicação verbal; *prejuízos no uso funcional das mãos* – para pegar o que deseja ou receber algo de alguém com segurança e força precisa, segurar um brinquedo e realizar sua exploração (Braga, 2018).

- Algumas condições clínicas específicas podem ameaçar a qualidade de vida de muitas crianças e adultos com síndrome de Rett. Dentre elas, o batimento cardíaco irregular (*arritmias*) destaca-se como um dos principais problemas.

- Ação motora que provoca o ranger dos dentes (*bruxismo*), presente de forma severa nas pessoas com a síndrome, frequente tanto de dia como durante o sono, podendo ser bastante intensa, a ponto de comprometer a dentição, especialmente o esmalte dos dentes. É decorrente das estereotipias e não apenas um ato inconsciente de ranger os dentes.

- É comum a presença de *comportamentos estranhos*, que se caracterizam como a manifestação de expressões faciais e longas crises de riso, além dos constantes gritos que surgem sem nenhuma razão aparente e dos habituais movimentos e comportamentos de lamber as mãos ou agarrar os cabelos e as roupas, sem querer soltar.

- Conhecida como "prisão de ventre", a *constipação intestinal* é considerada um dos sintomas mais graves e de difícil resolução nas pessoas com síndrome de Rett, pois, se não controlada, pode provocar dores e desconforto, prejudicando a capacidade atencional, a motivação e a iniciativa, o aprendizado e a sociabilidade. Portanto, deve-se buscar alimentação adequada, maior consumo de líquidos e, se necessário, limpeza intestinal. Acredita-se que alguns quadros comportamentais, como tristeza, irritação, agitação psicomotora ou apatia, estejam diretamente ligados ao mau funcionamento intestinal.

- A maioria das pessoas com síndrome de Rett costuma apresentar episódios de *convulsão* em algum momento da vida (cerca de 70% dos casos apresentam crise convulsiva desde a infância, muitas delas de base não epiléptica e em média 50% de base epiléptica), alguns de baixa e outros de alta complexidade. Outros sintomas relacionados podem variar de pessoa para pessoa, incluindo tanto os espasmos musculares periódicos quanto as crises graves e recorrentes de epilepsia, e em alguns casos epilepsia de difícil controle.

- O ritmo no crescimento do cérebro do bebê tende a diminuir após o nascimento, apresentando, dessa forma, o tamanho da cabeça menor do que o esperado para a idade. Geralmente, esse é o primeiro sinal para a síndrome de Rett. Conforme vão crescendo, o retardo do crescimento da cabeça passa a ser cada vez mais evidente.

- Acredita-se que todas as pessoas com síndrome de Rett apresentem prejuízos intelectuais acentuados, sendo difícil essa precisão em virtude dos severos prejuízos motores.

- Podem ser comuns as perturbações do sono em pessoas com síndrome de Rett, especialmente devido aos padrões respiratórios inadequados e à atividade convulsiva, o que pode levar a episódios de terror noturno, riscos desmotivados durante o sono, dificuldades para adormecer. É possível, ainda, que essas pessoas permaneçam acordadas por horas ou noites seguidas, ou ainda durmam de forma exagerada ao longo de dias (Hagberg, 2001).

- A *disfagia* é uma dificuldade no processo de deglutição que envolve problemas motores na mastigação e na movimentação da língua. Trata-se de um grande problema para a alimentação e adequada nutrição, podendo causar desmotivação em alimentar-se, especialmente pelo imenso esforço para mastigar, apesar do apetite que parece normal. Se não devidamente corrigido, pode acarretar refluxo gastroesofágico, uma condição que provoca desconforto e dor.

- É comum em crianças com síndrome de Rett uma curvatura anormal da coluna vertebral – *escoliose* (desvio da coluna), especialmente em casos em que a marcha não aconteceu. Pode começar entre os 8 e os 11 anos de idade e, se atingir um nível de gravidade maior, pode comprometer o processo respiratório de forma irreversível.

- Pessoas com síndrome de Rett podem apresentar severo prejuízo na fala. Em alguns casos, nunca chegam a falar; quando falam, podem ainda na infância regredir nessas aquisições e, quando mantêm a capacidade de fala, nem sempre ela tem caráter de comunicação social.

- É comum em crianças com síndrome de Rett sinais de agitação e irritabilidade, crises de choro, acompanhadas por gritos, que podem começar subitamente e durar por horas.

- Movimentos anormais das mãos – repetitivos e estereotipados (perda do uso funcional das mãos e pés): a movimentação estranha realizada com as mãos é evidenciada como uma das principais características dessa síndrome, porém, conforme o progresso do quadro, tendem a desenvolver um determinado padrão de movimentos das mãos, como torção, apertos, palmas, levar as mãos até a boca, e outros tantos tipos (Braga, 2018).

- Crianças com a síndrome podem apresentar movimentos incomuns nos olhos, sendo comum fitar alguém por longo período ou ainda piscar e fechar um olho de cada vez.

- Perda das habilidades de comunicação social e de pensamento, além de prejuízos na capacidade de falar e de se comunicar de modo geral. Podem também perder o interesse por outras pessoas, brinquedos e estímulos que naturalmente chamariam a atenção de qualquer criança. Em alguns casos, apresentam mudanças rápidas, como a perda súbita da fala. Conforme o passar do tempo e a realização dos estímulos, a maioria das crianças aos poucos recupera o contato visual com outras pessoas e aprende a desenvolver habilidades de comunicação não verbal.

- Perda de movimento espontâneo e da capacidade de coordenação motora, que acontece de forma mais relevante entre os 12 e 18 meses de idade, com a presença de sinais como a diminuição no controle das mãos e a incapacidade crescente de engatinhar (posição de gatas) ou de andar normalmente (com ou sem apoio). É significativo o percentual de pessoas com síndrome de Rett que nunca aprendem ou desenvolvem bem a marcha, e, quando a adquirem, é comum a marcha apráxica, descoordenada e com dificuldades na base de sustentação. Inicialmente, essas perdas ocorrem rapidamente e, em seguida, continuam de forma mais gradual. Em quadros nos quais a marcha não aconteceu, podem ser recorrentes perdas ósseas (osteoporose), o que favorece sucessivas fraturas (Schwartzman, 2000).

- É muito comum que crianças com síndrome de Rett apresentem problemas relativos ao trato respiratório, incluindo apneia (parada na respiração que pode durar longos segundos, ocasionando crises convulsivas não epilépticas), expiração forçada de ar, hiperventilação, dentre outras manifestações.

É importante lembrar que, para o correto e seguro diagnóstico da síndrome de Rett, é preciso observar cuidadosa e atentamente o crescimento e o desenvolvimento de habilidades motoras e da fala. O especialista em consulta deverá fazer uma série de perguntas sobre o quadro sintomático apresentado pela criança, além de levantar informações sobre o histórico clínico e médico da paciente, devendo ainda solicitar a realização de exames diferenciais e específicos para certificar-se de que nenhuma outra causa possa estar envolvida nos sinais e sintomas manifestados.

Na consulta médica, alguns especialistas podem diagnosticar a síndrome de Rett: clínico geral, neurologista, geneticista, pediatra, psiquiatra, psicólogo, reumatologista, cardiologista, ginecologista, pneumologista...

O tratamento para a síndrome requer cuidados médicos regulares, estimulação a partir de estratégias pontuais da terapia ocupacional, especialmente em treino e adaptação para atividades da vida diária e organização sensorial, além de intervenção de fonoaudiologia, fisioterapia e neuropsicopedagogia, objetivando, assim, um repertório maior de oportunidades para uma vida mais funcional. Essas intervenções devem continuar mesmo depois de as crianças crescerem e atingirem a idade adulta, quando irão necessitar de ferramentas para o autocuidado.

Outras abordagens interventivas são de extrema importância e devem ser empreendidas com rigor por parte do grupo familiar e pelos responsáveis. Dentre as já anteriormente citadas, destacam-se as terapias medicamentosas, que, mesmo não sendo capazes de curar a síndrome de Rett, podem ajudar a controlar alguns dos principais sinais e sintomas associados, como os quadros de convulsões e a rigidez muscular, que interferem em atividades diversas.

A síndrome de Rett é uma condição para a vida toda, por isso é fundamental encontrar meios para que pacientes, familiares e amigos possam conviver bem com os sintomas.

Seguir o tratamento e as recomendações médicas, procurar por grupos de apoio e ajuda psicológica também podem ajudar, bem como manter uma dieta equilibrada e que esteja de acordo com as necessidades específicas do paciente.

Ainda não existe uma informação clara para a expectativa de vida de uma pessoa com síndrome de Rett, embora se saiba que o tempo que um paciente viverá costuma variar muito de acordo com cada caso. As principais causas de morte são principalmente as complicações decorrentes de problemas cardíacos e respiratórios.

18. Síndrome de Sanfilippo

A síndrome de Sanfilippo é uma desordem metabólica, de caráter genético, autossômica recessiva, caracterizada pela ausência dos mucopolissacarídeos III, que são responsáveis pela quebra das longas cadeias de glicosaminoglicanos (GAGs) (Schwartzman, 2011).

É considerada parte de um grupo de doenças chamadas de *mucopolissacaridoses* (MPS), especificamente de MPS III (III-A, III-B, III-C e III-D). Recebe o nome de síndrome de Sanfilippo em homenagem ao médico que relatou pela primeira vez alguns casos dessa condição no ano de 1963, o Dr. Sylvester Sanfilippo (Rossier, 2004).

Essa patologia ocorre quando há ausência ou defeito nas enzimas necessárias para a quebra e reciclagem de um dos GAGs encontrados no organismo, o heparan sulfato. Quando não ocorre a quebra total desse GAG, há um acúmulo dele no interior das células do corpo, ocasionando dano progressivo. Tipicamente, as manifestações clínicas surgem entre os 2 e os 6 anos de idade.

Existem quatro tipos distintos desta síndrome (Rossier, 2004):

- *Tipo A (MPS III-A)* – considerado o tipo mais grave, neste caso os indivíduos apresentam uma forma alterada ou não apresentam a chamada heparan-N-sulfatase.
- *Tipo B (MPS III-B)* – justifica-se quando a enzima deficiente é a alfa-N-acetilglucosaminidase.
- *Tipo C (MPS III-C)* – neste caso em particular, a enzima deficiente é a acetil-CoA-alfa-glucosamina acetiltransferase.
- *Tipo D (MPS III-D)* – nesta condição, a enzima que se encontra deficiente é a N-acetilglicosamina 6-sulfatase.

Cada indivíduo com MPS III apresenta um tipo específico: A, B, C ou D, sendo que a determinação do tipo deve ser feita por meio de testes bioquímicos específicos (Rossier, 2004).

Pesquisas realizadas na Holanda evidenciam que a incidência gira em torno de 1 a cada 70 mil nascidos vivos, sendo o tipo A o mais comum no noroeste europeu, o tipo B, no sudeste da Europa, e os tipos C e D raros em todos os lugares.

Já no Brasil, aparentemente há um subdiagnóstico das MPS III em relação às outras MPS, uma vez que na primeira o envolvimento é predominantemente neurológico, enquanto nas restantes é predominantemente físico e, em muitos casos, não há notificação ou um correto diagnóstico.

De forma semelhante a outras MPS, também há a presença de alterações físicas, porém, mais brandas. Essa síndrome ocasiona características faciais levemente alteradas e marcantes, retardo no desenvolvimento mental, evoluindo para deficiência intelectual severa, presença de alterações no padrão de marcha e de fala, enrijecimento articular e alterações comportamentais significativas (Rossier, 2004).

É comum se observar frequente infecção das vias aéreas, coriza crônica, dentes cariados, apneia do sono, mãos e pés frios, hepatoesplenomegalia, linfadenomegalia, alterações do trato intestinal, convulsões, hidrocefalia e hipoacusia.

O diagnóstico é clínico e pode ser feito através do quadro e histórico clínico apresentados pela criança, sendo confirmado por meio de ensaios dos níveis de enzimas em amostras de tecido e sequenciamento genético.

Também é possível a realização do diagnóstico pré-natal, quando já se tem um filho com a MPS III. Para isso, faz-se necessário saber qual o tipo de MPS III do filho afetado, pois, para cada tipo de MPS III, há um teste diagnóstico distinto, e todos os irmãos com essa condição apresentarão o mesmo tipo de quadro (Rossier, 2004).

O tratamento é de suporte e manutenção continuada, pois os distúrbios de comportamentos causados pela síndrome não respondem de forma positiva aos fármacos utilizados (Schwartzman, 2011).

Quando o diagnóstico acontece precocemente, o transplante de medula óssea pode ser uma boa alternativa e, de alguma forma, pode apresentar resultados positivos. Apesar de ser possível sintetizar a enzima deficiente em laboratório e administrá-la por via endovenosa, esta não consegue transpor a barreira hematoencefálica e, desse modo, não há como tratar as manifestações neurológicas da síndrome (Rossier, 2004).

Atualmente, muitos estudos estão sendo desenvolvidos na busca de uma solução eficaz para a síndrome de Sanfilippo.

19. Síndrome de Savant

Apesar de ser geralmente associada aos quadros de TEA, estima-se que apenas 1 em cada 10 pessoas com TEA apresentem a síndrome de Savant (1:10). Portanto, nem toda pessoa com TEA é Savant e nem todo Savant é TEA, bem como nem todo Savant é alto-habilidoso.

Descrita pelo mesmo descobridor da síndrome de Down, Langdon Down, a síndrome de Savant está relacionada a algum dano no hemisfério esquerdo do cérebro que forçaria o lado direito a compensar esse prejuízo, especialmente desenvolvendo habilidades nas áreas de música, pintura, desenho e cálculos matemáticos, que são habilidades específicas relacionadas a esse hemisfério (Treffert, 2009).

As funções ligadas ao lado esquerdo do cérebro (hemisfério cerebral esquerdo), como a linguagem e a fala, tendem a ser pouco desenvolvidas, observando-se, em muitos casos, que podem desenvolver habilidades excepcionais numa determinada área, mas mal conseguem comunicar-se e relacionar-se socialmente com outras pessoas.

Apesar de possuírem memória espetacular, as pessoas com Savant nem sempre sabem o que fazer com tudo aquilo o que aprendem, não conseguindo aplicar esse conhecimento de forma criativa e funcional na vida cotidiana. Portanto, é importante analisar cada caso, antes de se afirmar que todos sejam alto-habilidosos ou geniais, como em geral os filmes os apresentam, pois, para essas condições, precisam apresentar capacidade acima da média, envolvimento com a tarefa e uso criativo dessa capacidade (Renzulli, 1986).

Muitos indivíduos com essa síndrome apresentam dificuldades em aquisições básicas para o bom desempenho das habilidades adaptativas para uma vida independente e ao mesmo tempo nos surpreendem com atitudes superinteligentes. Alguns conseguem realizar fatos extraordinários e quase sempre sem explicação convincente, como (Young, 2001):

- aprender línguas completas em uma semana, memorizar gigantescas sequências de números ou compor sinfonias inteiras sem terem que pensar muito;
- ao mesmo tempo que realizam façanhas surpreendentes, mal conseguem falar ou escrever, ou lembrar o rosto de uma pessoa com a qual conversaram meia hora antes;
- podem resolver cálculos mais rápido do que um computador e serem incapazes de escovar os dentes, uma habilidade básica aprendida desde cedo pela maioria das crianças;

A síndrome de Savant é também conhecida como síndrome do idiota-prodígio ou gênio-idiota (Young, 2001). Encontra-se presente em 4 homens para cada 1 mulher, podendo ser congênita ou adquirida após algum tipo de dano cerebral.

Muitos indivíduos com Savant apresentam transtorno do desenvolvimento intelectual (deficiência intelectual) ou sofreram algum tipo de dano cerebral ocasionado por disfunção neurológica ou acidentes em geral.

20. Síndrome de Sotos (gigantismo cerebral)

Descrita por Sotos na década de 1964, é também conhecida como "gigantismo ósseo", especialmente pelo fato de essa condição médica caracterizar-se por crescimento ósseo exagerado pré ou pós-natal, fácies característica, idade óssea avançada e atraso no neurodesenvolvimento (De Meyer, 1972).

Dentre os principais sinais manifestos pela síndrome, podemos ainda descrever quadros comportamentais com frequente irritabilidade, baixa tolerância diante de frustrações, ansiedade, labilidade afetiva (instabilidade emocional), quadros de heteroagressividade e ideias ritualísticas e persistentes em alguns casos, especialmente quando comórbida ao autismo. Os problemas comportamentais são significativos, com presença de agressividade, dificuldades na socialização, déficits atencionais e imaturidade emocional.

Os problemas geralmente são mais perceptíveis em casa do que na escola e incluem comportamentos ritualizados, problemas de sono, medos, falta de atenção e hiperatividade. O tamanho exagerado, com má coordenação, gera problemas de adaptação social, frequentemente com uma agressividade despropositada e crises de fúria. A imaturidade, persistindo até a idade adulta, adiciona dificuldades à socialização (Dodge et al., 1983).

Já foi sugerido que a agressividade pode resultar de frustração devido às dificuldades de comunicação e limitações intelectuais.

21. Síndrome de Turner

A síndrome de Turner é um quadro particular que acontece quando o par de cromossomos X não é "normal". Um cromossomo X pode ser ausente ou parcialmente ausente, causando, então, um quadro diagnóstico singular, marcado por problemas médicos e alterações no neurodesenvolvimento, incluindo baixa estatura, problemas na puberdade, tendências à infertilidade, malformações cardíacas, dificuldades básicas no processo de ensino e de aprendizagem e problemas de adaptação social, ou seja, prejuízos na interação social funcional (Guedes, 2006).

O diagnóstico para a síndrome de Turner já pode acontecer antes mesmo do nascimento (pré-natal), ou ainda durante a primeira infância. O que normalmente se observa, no entanto, é um diagnóstico tardio, o que dificulta o processo de estimulação precoce e as chances de neuroplasticidade que deve acontecer precocemente nos serviços de atendimento.

A síndrome de Turner ocorre em cerca de 1 a cada 2 mil partos de bebês com vida. Acredita-se que 98% de todos os fetos com síndrome de Turner abortem naturalmente durante a gestação.

Todos nós possuímos 46 cromossomos, e são eles que contêm toda informação genética, o que chamamos de DNA. Dois desses cromossomos são denominados sexuais, conhecidos como X e Y. Esses cromossomos determinam o sexo, sendo que XX corresponde ao sexo feminino e XY corresponde ao sexo masculino, relativo ao órgão sexual, sendo

XX correspondente à vagina e XY correspondente ao pênis (Guedes, 2006).

Essa síndrome ocorre em mulheres que apresentam um cromossomo sexual a menos, ou seja, apresentam 45 cromossomos (um cromossomo sexual a menos). As alterações genéticas da síndrome de Turner podem ser (Gonzalez, 2010):

- *Monossomia completa* – ausência total de um cromossomo X, devido a um erro no gameta do pai ou no óvulo da mãe, resultando em todas as células do corpo com apenas um cromossomo X. Esse tipo de monossomia ocorre em 50% dos casos da síndrome de Turner.

- *Mosaicismo* – ocorre em 20 a 30% dos casos de síndrome de Turner. Isso significa que o paciente apresenta em seu organismo células normais (46,XX) e células com a monossomia do X ao mesmo tempo (45,X). Em alguns casos, há um cromossomo X completo e um exemplar alterado.

- *Material de cromossomo Y* – em uma pequena quantidade de casos de síndrome de Turner, algumas células têm uma cópia do cromossomo X e outras do cromossomo X e algum material de cromossomo Y. A presença de material de cromossomo Y aumenta o risco de um tipo de câncer chamado gonadoblastoma.

A perda ou alteração do cromossomo X ocorre aleatoriamente, sendo, algumas vezes, por causa de problema com o esperma ou o óvulo, e, em outras, há a perda ou alteração do cromossomo X no início do desenvolvimento fetal.

Até o momento não se tem relato de histórico familiar de risco, por isso, é pouco provável que os pais de uma criança com a síndrome tenham outro filho com o mesmo transtorno. Além disso, ao contrário das trissomias, como a trissomia do cromossomo 21 (síndrome de Down), que aumenta sua incidência com o aumento da idade materna, a síndrome de Turner tem a mesma incidência independentemente da idade da mulher.

Os sintomas da síndrome de Turner variam de caso a caso, dependendo principalmente do resultado do cariótipo que se apresenta, se é de mosaicismo ou se a alteração é em todas as células (Guedes, 2006). *Alguns sinais podem ser percebidos no momento do nascimento ou durante a infância*, como pescoço largo, retrognatismo (mandíbula não proeminente), palato bucal alto e estreito, dificultando a aquisição da fala e o processo para deglutição, pálpebras caídas, olhos ressecados, pouco cabelo na parte de trás da cabeça (alopecia parcial), peito largo, com mamilos amplamente espaçados, dedos curtos, orelhas salientes para fora e/ou para baixo, podendo girar na direção da garganta e linha de cabelos, braços com rotação externa na altura dos cotovelos, unhas estreitas que viram para cima, inchaço das mãos e pés, especialmente ao nascer, estatura abaixo da média em geral e retardo do crescimento, presença de alterações da coluna – escoliose, pés chatos e quarto metacarpo curto (osso da mão por baixo da junta).

Em alguns casos, a presença da síndrome pode não ser facilmente perceptível. Por isso há alguns sinais e sintomas em crianças mais velhas, adolescentes e jovens que podem indicar sua existência (Guedes, 2006):

- *baixa estatura*, com uma altura na idade adulta de 20 centímetros a menos do que o padrão esperado para um membro feminino da mesma família;
- *dificuldades no processo de ensino e aprendizagem*, principalmente envolvendo conceitos espaciais ou noções matemáticas, embora a inteligência seja geralmente normal, o que representa prejuízo de cognição e inteligência dentro do padrão;
- *dificuldade na comunicação social e sutilezas sociais e relacionais*, como problemas em entender as emoções ou reações de outras pessoas, o que se pode justificar por prejuízos nos neurônios espelhos (Braga, 2018);
- devido à falência ovariana, *podem não ocorrer as mudanças típicas da puberdade*, como nascimento de pelos e crescimento de seios;
- *antecipação do fim dos ciclos menstruais* e ainda incapacidade de conceber uma criança sem tratamento de fertilidade.

A síndrome de Turner pode ser diagnosticada em qualquer fase da vida, inclusive, antes mesmo do nascimento, se a análise de cromossomos for feita nos exames de pré-natal. Hoje é possível diagnosticar a monossomia do cromossomo X do feto a partir da nona semana de gravidez através de uma simples coleta de sangue periférico (Guedes, 2006).

Para diagnosticar a síndrome, será realizado um exame físico em busca de sinais de subdesenvolvimento. Em geral, bebês com essa síndrome têm as mãos e os pés inchados. O diagnóstico é dado através do exame de cariótipo.

Alguns tratamentos podem ser sugeridos para a síndrome de Turner, principalmente as reposições hormonais, que são consideradas um dos principais meios de intervenção. A terapia do hormônio de crescimento também é recomendada para a maioria dos casos, objetivando aumentar a altura tanto quanto possível durante a infância e adolescência. A terapia com hormônio de crescimento é um tratamento padrão na síndrome de Turner e pode resultar em um ganho de 6 a 10 cm na estatura final (Guedes, 2006).

Por conta da inúmera variedade de sintomas e complicações presentes nessa condição médica, outros tratamentos podem ser adaptados para resolver problemas específicos do paciente. Como a síndrome pode resultar em diversos problemas de desenvolvimento e complicações médicas, vários especialistas podem estar envolvidos, recomendando, assim, tratamentos específicos e prestação de cuidados. Equipes multidisciplinares compostas por terapeuta ocupacional, fonoaudiólogo, fisioterapeuta, neuropsicopedagogo, psicomotricista... são fundamentais para que alguns ganhos sejam atingidos e, assim, possibilite-se ao paciente melhor qualidade de vida.

Faz-se importante a realização de exames regulares, pois, em alguns casos, outras complicações podem surgir durante a vida adulta, dentre elas a perda progressiva de audição, problemas nos olhos, hipertensão, diabetes e osteoporose.

Poucas pessoas com a síndrome de Turner podem engravidar sem tratamento de fertilidade. Aquelas que podem, ainda estão propensas a experimentar falência dos ovários e infertilidade subsequente muito cedo na vida adulta. Na maioria dos casos, as mulheres com a síndrome têm gestações de alto risco (Laranjeira, 2010).

A síndrome de Turner pode também afetar o bom desenvolvimento de vários sistemas do corpo, resultando, assim, em uma série de complicações: problemas cardíacos, risco aumentado para diabetes e hipertensão, perda de audição, problemas renais, disfunções da tireoide, doença inflamatória intestinal e doença celíaca, desenvolvimento deficiente ou anormal da dentição, podendo levar a maior risco de perda dos dentes, a forma do céu da boca e do maxilar inferior pode resultar em uma mordida mal alinhada, problemas visuais como estrabismo e hipermetropia, tendência a quadros de escoliose, cifose e osteoporose, infertilidade ou, se ocorrer, gravidez de risco, dificuldades de aprendizagem e maior risco para o TDAH.

Pessoas com a síndrome de Turner podem ter uma vida normal, quando cuidadosamente acompanhadas por uma equipe médica. Portanto, não há uma forma conhecida de prevenir essa síndrome. No entanto, é importante prestar atenção aos sintomas e buscar o diagnóstico precoce, para que, assim, o tratamento possa começar o mais cedo possível.

22. Síndrome de West

A síndrome de West é considerada uma condição médica marcada por crises epilépticas de grau severo e incidente na infância, bem como caracterizada por apresentar uma tríade sintomática específica, que envolve presença de espasmos musculares, hipsarritmia (padrão eletroencefalográfico específico) e deficiência intelectual.

Descrevem-se em geral três tipos de espasmos infantis: sintomáticos, criptogenéticos e idiopáticos. O nome da síndrome é uma homenagem ao Dr. W. J. West, que fez a primeira descrição dessa condição médica em meados de 1841 (Mackay, 2004).

Os indivíduos que apresentam espasmos infantis sintomáticos são em geral aqueles que têm um fator etiológico identificável, o qual, possivelmente, seja responsável por essa condição. Esses fatores incluem múltiplas formas de agressões dirigidas ao cérebro, principalmente no período pré ou pós-natal, como infecções, traumas etc. (Dulac et al., 1994).

Entre 70 e 75% das crianças com presença de espasmos infantis têm a forma sintomática do distúrbio.

A esclerose tuberosa, considerada uma condição hereditária autossômica dominante, é normalmente a causa pré-natal mais comum dos espasmos infantis. Naqueles indivíduos com espasmos considerados criptogenéticos, nenhuma causa específica é identificada, embora se possa afirmar que ela exista e que a epilepsia é também sintomática (Dulac et al., 1994).

Crianças com quadros de espasmos idiopáticos geralmente apresentam um desenvolvimento neuropsicomotor dentro do considerado normal, antes do início dos sintomas, e, no geral, nenhuma causa é encontrada ou presumida que justifique essa regressão. Uma história familiar de espasmos infantis também é incomum, porém, estima-se que cerca de 17% dos pacientes podem ter um histórico de outras formas de epilepsia, algumas até nem identificadas. Observam-se quadros de regressão do desenvolvimento neuropsicomotor, acompanhado de espasmos em torno de 70 a 95% dos pacientes (Mackay, 2004).

Os espasmos infantis podem se justificar pelas interações anormais entre o córtex e as demais estruturas cerebrais. Lesões focais ainda na infância também podem mais tarde afetar outros pontos no cérebro, e a presença de hipsarritmia pode significar que essa atividade anormal está partindo de múltiplas localizações no cérebro.

O início dos espasmos na infância sugere que um sistema nervoso central imaturo deve ser importante na patogênese da síndrome. Existe uma teoria que sustenta a defesa de que o efeito de diferentes fatores estressores sobre um cérebro imaturo produz uma secreção excessiva de ACTH (hormônio adrenocorticotrófico) que causa a liberação de corticotrofina, em resposta aos efeitos da qual os espasmos se dão.

Os principais sinais e sintomas apresentados, em geral, são:
- *espasmos musculares* em crises esporádicas, outras vezes bem frequentes, que se iniciam de forma súbita, no tronco e/ou nos membros;

- contrações rápidas e com intensidade que podem variar desde um movimento sutil da cabeça até uma contração poderosa envolvendo todo o corpo, causando, assim, desconforto generalizado;
- os espasmos musculares podem ser flexores, extensores ou de forma mista, extensora e flexora, impedindo em algumas situações a realização de movimentos coordenados;
- um pequeno número de crianças com síndrome de West apresenta um desenvolvimento cognitivo dentro do considerado normal ou limítrofe;
- deficiência intelectual e alterações psíquicas são comuns em mais de 70% dos pacientes, portanto, requer-se desde estimulação precoce com abordagem multidisciplinar até ensino estruturado, adaptado e flexibilizado, para o melhor desempenho funcional global desses pacientes.
- espasmos mistos são os mais comuns, consistindo desde flexão do pescoço e dos braços, extensão ou flexão das pernas e extensão dos braços.

O diagnóstico da síndrome de West, assim como de tantas outras condições médicas, depende de uma boa história clínica, mas, na maioria dos casos, o exame físico geral, feito nos períodos entre as crises, não mostrará nenhuma alteração, a não ser atrasos no neurodesenvolvimento.

O exame complementar mais importante a ser realizado em pacientes com suspeita dessa síndrome é o eletroencefalograma. A hipsarritmia é o padrão eletroencefalográfico mais característico da síndrome, tornando-se um diagnóstico diferencial para tantas outras condições semelhantes.

Exames de neuroimagem (tomografia computadorizada e ressonância magnética) podem mostrar anomalias cerebrais significativas, bem como exames complementares também podem ser solicitados, procurando compreender melhor a situação apresentada, tais como hemograma completo, exame de urina, funções hepáticas, função renal etc.

Um diagnóstico diferencial deve ser feito com a epilepsia em crianças com deficiência intelectual, epilepsia em encefalopatias e mioclonia benigna na infância.

O principal objetivo do tratamento de crianças com a síndrome de West é a minimização ou eliminação dos espasmos com o menor número possível de medicações e os menores efeitos colaterais. A terapia ocupacional, fonoaudiologia, fisioterapia e tantas outras abordagens interventivas, têm por foco diminuir as sequelas e, assim, favorecer uma vida mais funcional.

Em geral, não há como prevenir que a síndrome de West aconteça.

O prognóstico da síndrome de West em geral é pobre e dependente da causa.

Um grande número de pacientes (50-70%) desenvolve outras formas de epilepsia, mas há também a possibilidade de remissão total de espasmos considerados criptogenéticos, embora não haja confirmação de remissão definitiva para os casos mais graves. No decorrer do tempo, a hipsarritmia também pode desaparecer ou se transformar.

As principais complicações da síndrome podem incluir alguns efeitos adversos a partir das medicações, como hepatotoxicidade, pancreatite, ganho de peso, hipertensão e síndrome de Steven-Johnson, dentre outras. Pode-se ainda registrar, em alguns casos, sérias complicações respiratórias, em virtude dos frequentes espasmos musculares característicos do quadro, deformidades posturais, principalmente de membros superiores (MMSS) e membros inferiores (MMII), além de ser possível casos de subluxação do quadril.

23. Síndrome de Williams

Características faciais específicas e muito particularizadas, como presença marcante de lábios grossos, dentes pequenos e espaçados, voz rouca, boa capacidade de comunicação, olhos azuis estrelados, pálpebra superior "fofa", orelhas proeminentes, sociabilidade satisfatória (personalidade coquetel) e prejuízos cognitivos (memória e orientação visoespacial), além de comorbidades como perdas auditivas e dificuldades visuais: é assim que em geral se caracteriza a síndrome de Williams, uma desordem genética associada ao cromossomo 7, atingindo crianças de ambos os sexos, a qual pode levar a problemas diversos no neurodesenvolvimento.

Conhecida também como síndrome de Williams-Beuren, recebeu esse nome em homenagem aos médicos pioneiros na sua descrição: o neozelandês J. C. P. Williams (1961) e o alemão A. J. Beuren (1962). Sua incidência é de aproximadamente 1 a cada 10 mil pessoas em todo o mundo (Schwartzman, 2011).

Essa condição médica justifica-se pela ausência de cerca de 21 genes do cromossomo 7, incluindo nesse contexto os genes responsáveis pela produção de elastina (proteína que forma as fibras elásticas) – muito comum em regiões como o pavilhão auditivo, a trompa de Eustáquio, a epiglote, a cartilagem da laringe e as artérias elásticas. Essa ausência não tem causas genéticas específicas, de modo que os pesquisadores supõem que ocorra aleatoriamente (Schwartzman, 2011).

A falta desses genes pode levar a diversos problemas cardiovasculares e também renais, afetando, ainda, o desenvolvimento regular do cérebro.

A síndrome de Williams igualmente afeta tanto pessoas do sexo masculino quanto feminino, e, apesar de não ter origem genética, quem é diagnosticado com ela tem 50% de chance de transmiti-la a seus descendentes.

Dentre os principais sinais e sintomas da síndrome de Williams, podemos destacar (Sugayama, 1995):

- baixo peso ao nascer;
- dificuldade na alimentação, durante o desenvolvimento infantil;
- comportamento facilmente irritável, com intolerância para frustrações;
- hipotonia muscular, presente em muitos casos (pouco tônus muscular), o que atrapalha o desenvolvimento e a coordenação motora ampla e fina, comprometendo sua vida funcional;
- problemas cardiovasculares (vasos sanguíneos estreitos);
- crises de cólicas, refluxo e vômitos nos primeiros meses de vida;

- atrasos leves ou moderados no desenvolvimento neurocognitivo, em muitos casos;
- personalidade extremamente sociável e dócil, com boa comunicação, apesar do baixo timbre de voz;
- menor estatura do que o esperado para a idade;
- hipercalcemia (excesso de cálcio no sangue);
- hipersensibilidade auditiva e hiperacusia (sensibilidade a sons), sendo que alguns podem ainda desenvolver bom ouvido musical e habilidades para instrumentos musicais;
- problemas dentários (como dentes espaçados);
- vulnerabilidade a problemas renais;
- déficit de atenção (possivelmente associado a prejuízos de função executiva – córtex pré-frontal) (Braga, 2018);
- clinodactilia (curvatura para dentro do dedo mindinho), podendo comprometer algumas preensões;
- distúrbios e dificuldade de aprendizado ou, ainda, deficiência intelectual leve ou moderada;
- peito escavado;
- presença de sulcos longos na pele que vão do nariz ao lábio superior;
- pragas epicânticas nos olhos;
- traços faciais característicos (ponte nasal achatada, estrabismo etc.).

Alguns dos sintomas característicos para a síndrome de Williams podem passar despercebidos na infância, porém, o diagnóstico e o encaminhamento precoces, especialmente nos primeiros anos de vida, é essencial para evitar que outras possíveis complicações no desenvolvimento neurocognitivo, comportamental e neuropsicomotor venham a acontecer e comprometam a funcionalidade desses indivíduos.

As especialidades que podem diagnosticar a síndrome de Williams são: clínica médica, genética médica, neurologia, otorrinolaringologia, angiologia, cardiologia, nefrologia, psiquiatria, psicologia, pediatria...

O diagnóstico eficiente dessa síndrome em recém-nascidos é muito difícil, a não ser quando se verificam elevados níveis de cálcio no sangue (hipercalcemia), uma característica bem particular para essa condição. Daí a necessidade de se levar informações ao pediatra para melhor investigação acerca dessas particularidades.

As manifestações faciais características, como aspecto da íris, estrabismo, lábios grossos e o sulco nasolabial, só se tornam mais evidentes em idades mais avançadas, conforme se acentuam com o tempo, e em muitos casos podem assemelhar-se a expressões faciais de "gnomos" ou fácies de "fadinhas".

Não existe cura para a síndrome de Williams nem tratamento específico. As abordagens terapêuticas ocupacionais, fisioterápicas, fonoaudiológicas e pedagógicas visam ao controle de alguns dos principais sinais e sintomas vinculados à síndrome, como a deficiência intelectual e as dificuldades na coordenação motora ampla e fina, bem como os prejuízos nas aprendizagens sistemáticas e assistemáticas.

A fonoaudiologia e a terapia ocupacional podem ajudar os pacientes a lidar com os sintomas, especialmente a aquisição da fala ou facilitação da comunicação, bem como as adaptações e os treinos para a autonomia em atividades da vida diária.

Estimular o contato do aluno com os colegas é fundamental para o bom desenvolvimento escolar, por isso, a pedagogia tem papel fundamental nesse processo de inclusão escolar.

Se não for devidamente tratada, essa condição particular pode levar a graves problemas de saúde, como, por exemplo, insuficiências cardíaca e renal crônica, podendo, ainda, apresentar depósitos de cálcio nos rins e outros problemas renais. Em casos ainda mais graves, a síndrome pode resultar na morte do paciente, principalmente em decorrência de complicações de saúde.

24. Síndrome do alcoolismo fetal

Caracterizada pela presença de fácies plana, nariz curto, *philtrum* indistinto (espaço significativo entre o nariz e o lábio superior), lábio superior fino e presença de fissuras palpebrais, hipoplasia maxilar, além de sinais eventuais de pregas epicânticas, nariz rebaixado, orelhas sem paralelismo e mictognasia. São essas algumas das muitas características mais comuns da síndrome do alcoolismo fetal (SAF), cujo quadro se evidencia como um conjunto de sinais e sintomas apresentados pelo feto, em decorrência da ingestão abusiva de álcool pela mãe durante a gravidez e o período da preconcepção (Abel, 1991).

Entre os sintomas mais comuns, encontram-se déficit de crescimento, alterações em características faciais e atraso no desenvolvimento neuropsicomotor. Atualmente, é considerada a maior causa de déficit intelectual prevenível em todo o mundo (Schwartzman, 2011).

A causa da síndrome do alcoolismo fetal é a ingestão de álcool em grandes quantidades pela mãe durante a gestação, porém, já se ventila que o pai usuário também seja um forte colaborador para que tais dificuldades se manifestem no bebê.

O nível mínimo de etanol (álcool) que resulta em síndrome do alcoolismo fetal ainda não foi estabelecido, e o grau de acometimento dos bebês em geral depende não só do quanto a mãe ingeriu, mas também do período da gestação em que houve esse consumo, especialmente nos primeiros meses, quando se tem maior vulnerabilidade por parte do bebê e do SNC.

Alguns fatores de risco podem estar associados à síndrome do alcoolismo fetal, dentre eles:

- consumo abusivo de álcool no primeiro trimestre da gestação, período de maior vulnerabilidade por parte do bebê ainda em formação e sem defesa;
- início precoce da ingestão de álcool;
- idade materna avançada;
- histórico de gestações anteriores com parto prematuro ou natimorto;
- ter tido 3 ou mais gestações anteriores;
- ingestão de álcool com frequência, 5 ou mais doses por ocasião e 2 ou mais vezes por semana.

É comum essa condição médica estar associada a mulheres que apresentam baixo padrão socioeconômico e, também, pode estar ligada a quadros de depressão e consumo de álcool pelo companheiro ou outros familiares.

Em crianças com síndrome do alcoolismo fetal, podem-se registrar algumas alterações que merecem nota (Abel, 1991):

- baixo peso ao nascimento;
- baixo ganho de peso;
- microcefalia (cabeça de tamanho pequeno e com grande percentual dentro da condição de deficiência intelectual e problemas neurológicos diversos) (Brasil, 2015);
- dificuldade no processo natural de aprendizagem, aquisição da linguagem, memória e atenção, o que representa prejuízos executivos ou das funções cognitivas superiores, tão necessárias ao desenvolvimento cognitivo (Braga, 2018);
- alterações na visão e audição;
- dificuldades de socialização;
- distúrbios comportamentais que também podem estar associados;
- atraso de desenvolvimento neurocognitivo;
- alterações neurológicas, como convulsões, doenças nos rins, ossos e cardiopatias congênitas.

Os sinais e sintomas são diversos, bem como a manifestação para a gravidade deles, pois a passagem do etanol pela placenta e o grau de metabolização do etanol pelo fígado materno são variáveis e as consequências inevitáveis (Abel, 1991).

O diagnóstico da síndrome do alcoolismo fetal pode ser difícil, pois não existe um exame laboratorial que o confirme. Além disso, outros distúrbios, principalmente os de ordem comportamental, têm características parecidas com o quadro dessa síndrome.

Leva-se em consideração a história materna de uso de álcool e os sinais e sintomas relatados anteriormente. Logo, deve ser feita uma avaliação clínica geral e com base em alterações físicas e relatos familiares comportamentais e do desenvolvimento da criança.

Não existe cura para a síndrome do alcoolismo fetal, mas algumas estratégias de tratamento podem incluir medicamentos que minimizam alguns dos sintomas, terapia ocupacional para estimulação precoce e promoção de autonomia para uma vida independente, terapia comportamental visando modificar quadros comportamentais insatisfatórios, orientação e treinamento dos pais, pois, assim como há fatores de risco para essa condição médica, também podem existir fatores protetores, como relacionamentos familiares estáveis e estruturados, rotina familiar estável e equilibrada, diagnóstico precoce, encaminhamento e intervenção precoce, bem como acompanhamento com equipe multiprofissional especializada.

Nem sempre o diagnóstico é realizado precocemente, visto que alguns sinais são inespecíficos para a avaliação do pediatra. A síndrome de abstinência que os recém-nascidos apresentam pode cessar e passar despercebida, se houver a negação da informação de uso de álcool pela gestante.

A única forma de prevenção é a abstinência de ingestão de álcool durante o período pré-natal (de 4 a 6 semanas antes da gravidez) e o período gestacional, quando o sistema nervoso fetal ainda se encontra em formação e sem grandes defesas.

25. Síndrome do X frágil ou síndrome de Martin-Bell

Síndrome de Martin-Bell: é assim que definimos a síndrome do X frágil, uma condição genética e hereditária ocasionada por um defeito congênito na sequência de informações fornecidas pelo gene FMR1, que está presente no cromossomo X, causando déficits intelectuais, dificuldades acentuadas no ensino e aprendizado, problemas de comportamento, agitação psicomotora, fala desenfreada, além de diversas características físicas peculiares.

Ainda que ocorra em ambos os gêneros, afeta mais frequentemente os meninos e, geralmente, com grande severidade. Sua ocorrência acontece em 1 de cada 4 mil meninos (1:4000) e em 1 em cada 8 mil meninas (1:8000) (Schwartzman, 2011).

A síndrome do X frágil é a forma hereditária mais comum de deficiência intelectual, sendo a síndrome de Down a primeira entre todas as causas, porém, esta última não é herdada, e, sim, provocada por uma fatalidade cromossômica, na maioria das vezes.

A síndrome do X frágil é mais comum do que possamos supor, logo, requer consideração no diagnóstico diferencial de deficiência intelectual e está entre as indicações mais frequentes para a análise de DNA, a consulta genética e o diagnóstico pré-natal.

Mutações no gene FMR1 causam a síndrome do X frágil. O gene FMR1 dá instruções para a produção da proteína FMRP (Fragile x Mental Retardation). Esta proteína ajuda a regular a produção de outras proteínas que afetam o desenvolvimento das sinapses, que são as conexões especializadas entre as células nervosas e fundamentais para transmitir os impulsos nervosos.

Os principais sintomas da síndrome do X frágil geralmente são (Schwartzman, 2011):

- atraso no desenvolvimento da fala e da linguagem;
- a maioria dos homens com a síndrome apresenta deficiência intelectual de grau leve a moderado, enquanto cerca de um terço das mulheres afetadas é intelectualmente deficiente;
- crianças com a síndrome podem apresentar quadros de ansiedade e comportamento hiperativo, como inquietação e impulsividade;
- é comum, em muitos casos, a presença do TDAH, especialmente do tipo desatento;
- é significativa a quantidade de casos da síndrome com características marcantes do TEA, quadro que se apresenta como comorbidade;
- em cerca de 15% dos meninos com a síndrome ocorrem crises de convulsões e em 5% das meninas afetadas;

- traços físicos característicos se tornam mais aparentes com a idade na maioria dos homens e na metade das mulheres afetadas. Esses traços físicos podem incluir face alongada e estreita, orelhas largas, mandíbula e testa proeminentes, dedos estranhamente flexíveis, pés chatos, e nos homens pode ser comum a presença de testículos grandes (macro-orquidismo) depois da puberdade;
- os problemas de saúde mais comuns nas pessoas com a síndrome do X frágil estão relacionados ao sistema nervoso – por exemplo, tremores, dificuldades na coordenação motora ampla e fina, quadros comórbidos de ansiedade e depressão em alguns casos;
- nas mulheres podem-se registrar problemas hormonais, causando a ocorrência de menopausa precoce ou problemas de fertilidade.

O diagnóstico clínico da síndrome do X frágil é muito difícil, especialmente devido às circunstâncias diversas dos sintomas e sinais apresentados, podendo ser confundido com outras condições médicas.

Já o diagnóstico pré-natal da síndrome pode ser feito no embrião, do qual uma célula é retirada para análise dos genes.

Casais com histórico dessa síndrome submetem-se a procedimento de fertilização *in vitro* para que os embriões gerados sejam analisados.

Em toda criança com comportamento autista, deve-se realizar o teste molecular para a síndrome do X frágil.

Por ser uma condição genética e sem cura, não existe tratamento específico para essa síndrome. Os sintomas mais acentuados de comorbidades, como a ansiedade e a depressão, podem ser tratados com medicamentos e intervenções específicas. Por outro lado, abordagens de intervenções neuropsicopedagógicas, psicológicas e terapêuticas ocupacionais estruturadas e orientações para a adaptação curricular e inclusão socioeducacional ajudam as crianças com essa condição a terem melhor desempenho escolar, bem como a levarem uma vida social mais saudável e funcional, garantindo, assim, sua autonomia para uma vida independente.

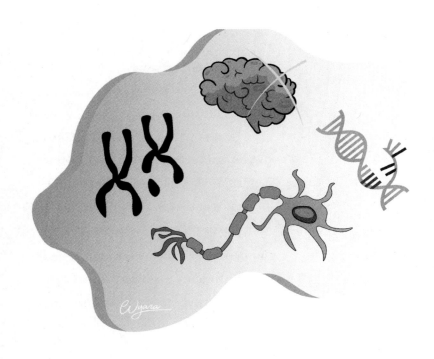

Capítulo 6

Quadros sindrômicos particularizados

1. Síndrome de Lennox-Gastaut

Caracterizada especialmente por apresentar quadro convulsivo severo e de difícil controle medicamentoso, além da presença de deficiência intelectual, a síndrome de Lennox--Gastaut (SLG) é um tipo bem raro de epilepsia da infância, marcada por microconvulsões recorrentes e de diversos tipos ao longo do dia, que, de forma geral, não melhoram completamente com os medicamentos anticonvulsivantes e podem, ao longo dos anos, causar outros prejuízos ao indivíduo.

A SLG costuma manifestar-se logo nos primeiros anos de vida, acompanhada de disfunções cognitivas e atraso no desenvolvimento neurológico e psicomotor das crianças afetadas. Representa cerca de 4% dos quadros de epilepsias da infância.

A síndrome pode ocorrer quando houver histórico de distúrbios que levem a lesões cerebrais durante o processo gestacional, especialmente nos meses iniciais de gestação, ou logo após o nascimento (principalmente diante de fatores de risco como prematuridade, asfixia neonatal ou prolapso do cordão umbilical [sufocamento], baixo peso extremo ao nascimento, infecções perinatais, como as encefalites, meningites ou rubéola, ocorrência de anomalias do desenvolvimento do cérebro). Porém, é significativo o número de casos da SLG sem causa diagnosticada (Ollerdaurella, 1973).

É comum observar o desenvolvimento normal da maioria das crianças, que, de repente, passam, a partir das crises convulsivas, a regredir em suas habilidades previamente adquiridas, em maior ou menor velocidade, especialmente diante de um conjunto de crises convulsivas – convulsões que quase sempre aparecem sem febre e ficam descontroladas, a despeito do tratamento, mesmo utilizando-se dos melhores medicamentos anticonvulsivantes.

Alterações de personalidade e comportamento, humor lábil e variável, e atrasos no desenvolvimento psicomotor e cognitivo – inteligência –, podem aparecer na evolução do quadro (Ollerdaurella, 1973).

Além do exame clínico e neurológico, feito pelo pediatra e neuropediatra, os médicos costumam pedir exames complementares e diferenciais para ajudar no diagnóstico – exames de imagem do cérebro (tomografia computadorizada e/ou ressonância do crânio) e eletroencefalograma (EEG). Este último é um exame primordial, pois mostrará alguns achados característicos da SLG – especialmente as descargas do tipo ponta-onda generalizadas.

O prognóstico da SLG é bastante variável de criança para criança, devendo-se salientar que não há até o momento uma cura comprovada para essa condição, portanto, haverá crises convulsivas ao longo da vida e contínua abordagem medicamentosa (Ollerdaurella, 1972).

Um desenvolvimento neuropsicomotor normal é algo bastante incomum para as crianças com SLG. Os tipos incomuns de crises convulsivas podem evoluir para crises parciais, complexas e secundariamente generalizadas.

É comum o controle das crises ser mais efetivo com o passar dos anos, mas os problemas comportamentais e os déficits cognitivos – deficiência intelectual – persistem e ainda podem piorar pelas sucessivas perdas de massa cinzenta. Não é incomum ocorrer evolução com crises psiquiátricas, como as condutas de caráter psicótico, quadros de agressividade e frequente irritabilidade, o que deve ser prontamente reconhecido e tratado com abordagem psiquiátrica e medicamentosa específica, para que, assim, possa haver melhor convívio social dos pacientes acometidos, bem como manter os cuidadores igualmente equilibrados para o ato de cuidar.

As crianças com a SLG em idade escolar precisam e devem receber atenção especial, respeitando-se o movimento de educação especial na perspectiva da educação inclusiva, principalmente buscando ter assegurado o direito à presença constante de cuidadores pessoais (Lei n. 13.146/2015), pois elas irão demandar atenção em situações pontuais, especialmente em autocuidado.

Os pais e cuidadores devem receber suporte emocional e orientação sobre aconselhamento para manejos comportamentais em geral e informações quanto ao futuro desse sujeito em questão.

2. Síndrome de Sjögren-Larsson

Quadro sindrômico incomum, marcado por acentuados prejuízos ou deficiências enzimáticas, que tende a evoluir para deficiência intelectual e paralisia significativa dos membros superiores e inferiores. Os principais sintomas dessa condição médica já aparecem nos primeiros dias de vida, quando a pele do bebê, ao nascer, apresenta característica áspera e ressecada, com aspecto muito semelhante às escamas de peixe – ou seja, um tipo de ictiose permanente, que causa extremo desconforto e coceiras frequentes, e ainda alterações comportamentais (Simmons, 2000).

É variável a expectativa de vida dos pacientes com essa condição médica, porém, pelas inúmeras dificuldades, estima-se uma vida com baixa qualidade, especialmente em virtude dos frequentes desconfortos e das possíveis limitações provocados pela síndrome, além das limitações motoras e prejuízos nas condutas ou habilidades adaptativas, tão importantes para se ter uma vida independente e funcional.

Essa entidade nosográfica é considerada pela medicina como uma patologia autossômica recessiva, na qual os pais não têm nem apresentam a enfermidade, mas possuem o gene que a causa, passando, assim, para seus descendentes.

Registros apontam que, na maioria dos casos, os pais são parentes próximos (laços de consaguinidade, considerado um fator de risco para a apresentação de muitas deficiências nos filhos), fator que também aumenta o risco de adquirir essa síndrome.

O quadro incomum de dermatose da síndrome de Sjögren-Larsson pode agravar-se e evoluir para problemas neurológicos e paralisia mais complexa (Simmons, 2000).

Fazem-se importantes algumas abordagens interventivas multidisciplinares que favoreçam a estimulação precoce, a hidratação da pele, evitando complicações e aumento do ressecamento, e, assim, garantindo ao indivíduo com essa condição melhor qualidade de vida, mesmo diante de tantas dificuldades advindas da síndrome.

3. Síndrome de Prune-belly

"Síndrome do abdômen da ameixa seca" ou síndrome de Prune-belly é uma condição médica rara, grave e incapacitante para a maioria dos casos. Quadro em que o bebê já nasce com múltiplas deficiências ou até mesmo ausência dos músculos que revestem a parede do abdômen, ficando com os intestinos e a bexiga apenas recobertos pela pele, sem grande proteção ou sustentação muscular (Furness, 1998).

Essa síndrome tem cura quando diagnosticada desde cedo, e a criança pode vir a ter uma vida normal, apesar de algumas limitações.

A síndrome de Prune-belly é mais frequentemente observada e registrada em bebês do sexo masculino, e, nestes casos, pode vir com características muito peculiares, impedindo a descida ou o desenvolvimento dos testículos, o que também pode ser contornado pelas terapias hormonais e por correção cirúrgica, pois, dessa forma, irá permitir que os testículos ocupem o lugar correto dentro do saco escrotal e, assim, não causará tantas dificuldades ao bebê (Leeners, 2000).

A síndrome de Prune-belly não tem causa definida, mas pode estar associada ao uso abusivo de substâncias entorpecentes como a cocaína, principalmente se utilizada durante a gravidez, em especial no primeiro trimestre gestacional, ou pode ainda estar associada simplesmente a uma malformação genética aleatória.

O tratamento pode ser feito através de correção cirúrgica, que tem como objetivo ajudar a remodelar a parede do abdômen e do trato urinário, criando uma musculatura no abdômen para sustentar a pele e proteger os órgãos. E para, também, prevenir as infecções urinárias que são comuns em bebês que nascem com esta síndrome (Leeners, 2000).

O médico pode descobrir que o bebê tem essa síndrome a partir de observação na ultrassonografia, durante o exame pré-natal. Um sinal clássico de que o bebê pode apresentar essa condição médica, é que este tem uma barriga fora do padrão convencional, apresentando-se muito inchada, grande e com aspecto globoso. Porém, quando o diagnóstico não é feito quando o bebê está ainda na barriga da mãe, geralmente pode ser detectado quando o bebê nasce e apresenta dificuldades em respirar, além de ter barriga mole, inchada e com consistência diferente do habitual.

O quadro sintomático para a síndrome de Prune-belly pode ser caracterizado por (Leeners, 2000):

- malformação nos ossos e músculos do abdômen, que se apresenta flácido e sem sustentação;
- mau funcionamento dos rins;
- dificuldades respiratórias diversas;
- problemas no funcionamento do coração;
- infecções urinárias e problemas graves do trato urinário;
- presença de saída de urina pela cicatriz do umbigo;
- não descida adequada dos testículos.

Esses sintomas, quando não tratados desde cedo, podem levar à morte do bebê logo ao nascer ou após poucos meses de vida.

Nesse contexto, fazem-se emergenciais abordagens multidisciplinares com encaminhamento precoce e estimulação precoce que promovam aquisições importantes ao pleno desenvolvimento da criança, criando, assim, possibilidades para maior funcionalidade e minimização sintomática.

4. Síndrome de Usher

Quadro sindrômico de origem genética, que se apresenta com dificuldades e prejuízos em graus variáveis e associado a perdas auditivas – surdez. Condição médica presente desde o nascimento, com perda gradual da visão, que se inicia na infância ou na adolescência (Abreu, 1997).

A comunicação pelo tato (Libras tátil) facilita a vida das pessoas com Usher, que, em sua grande maioria, afeta a capacidade de audição e a visão.

A cegueira, parcial ou total, é causada pela *retinose pigmentar* (conjunto de doenças hereditárias que causam degeneração na retina, região do fundo do olho). A retinose pigmentar costuma ter problemas associados, como catarata e edema macular, que podem ser operados, permitindo, assim, que a pessoa enxergue melhor por um período maior de tempo (Fishman, 1983).

Algumas particularidades dessa síndrome merecem destaque especial.

- Essa condição médica em geral afeta em primeiro lugar a capacidade para visão noturna e depois, de forma gradativa, irá comprometendo a visão periférica e das laterais, preservando por mais tempo a visão central.
- Causa sensibilidade a excesso de luminosidade (maior tendência à fotofobia).
- É um quadro diagnóstico considerado incurável, mas, através dos diversos serviços de estimulação e reabilitação, é possível suavizar ou espaçar alguns de seus efeitos progressivos.

- A surdez parcial pode ser atenuada com cirurgias e aparelhos auditivos, bem como a introdução da Língua Brasileira de Sinais (Libras). Mais tarde, conforme as perdas visuais e auditivas se agravarem, faz-se necessário o uso da Libras tátil e o reaprendizado a partir do braille.
- Os óculos podem ser mais adequados, incluindo os de visão subnormal.

O importante é diagnosticar precocemente para que se possam tomar medidas no sentido de amenizar ou retardar as sequelas.

Existem 4 tipos particulares de síndrome de Usher, com manifestações a saber (Fishman, 1983):

- *Usher tipo I* – nesse quadro de prejuízos sensoriais, pode-se destacar a perda da capacidade auditiva – surdez profunda, já percebida desde o nascimento, com retinose pigmentar –, além de cegueira profunda com possível perda da capacidade de equilíbrio.
- *Usher tipo II* – perda da capacidade auditiva caracterizada como surdez leve a moderada, de caráter não progressivo, porém com presença de retinose pigmentar no início da puberdade, bem como cegueira noturna e prejuízos ou perdas na capacidade de equilíbrio, em virtude dos prejuízos sensoriais associados.
- *Usher tipo III* – caracterizada pela surdez neurossensorial congênita progressiva, ou seja, o indivíduo nasce com uma boa capacidade auditiva ou com discreta perda, que, aos poucos, passa a aumentar de forma progressiva até chegar a perda total. A pessoa pode, ainda, apresentar

retinose pigmentar e cegueira noturna, que também já se apresenta no início do desenvolvimento – na infância –, causando aos poucos perda na capacidade de equilíbrio dinâmico.

- *Usher tipo IV* – considerada um tipo menos comum, afeta cerca de 10% da população de pessoas com síndrome de Usher.

5. Síndrome dos ossos de vidro (osteogênese imperfeita)

Conhecida como *osteogênese imperfeita* (doença de Lobstein ou de Ekman-Lobstein), "ossos de vidro" ou "ossos de cristal", esta é uma condição rara do tecido conjuntivo, de caráter genético e hereditário, que pode afetar 1:20 mil pessoas. É caracterizada principalmente por fragilidade nos ossos, que se quebram com enorme facilidade e, assim, podem causar algumas limitações ou prejuízos ao longo do neurodesenvolvimento, persistindo por toda a vida (Byers, 1991).

A síndrome dos ossos de vidro pode ser congênita e afetar o feto em formação, que sofre fraturas ainda no útero materno, apresentando deformidades graves ao nascer, ou pode ocorrer depois do nascimento, o que é característico da osteogênese imperfeita tardia.

Quanto à sua forma de manifestação sintomática, a síndrome dos ossos de vidro pode ser classificada em 4 apresentações distintas, de acordo com a gravidade dos quadros diagnósticos (Sillence, 1979):

- *Tipo I* – grau leve e não deformante, manifestando-se mais tarde, por volta dos 20 ou 30 anos de vida, com consequente perda leve da resistência óssea.
- *Tipo II* – considerado de grau mais grave, em geral o bebê nessa condição diagnóstica morre ainda dentro do útero ou logo depois do nascimento.
- *Tipo III* – surgem deformidades graves ao longo da vida, em consequência das sucessivas fraturas que ocorrem de forma espontânea, bem como do encurvamento dos ossos. Nesses casos, em particular, dificilmente o paciente consegue andar, tornando-se, em muitos casos, uma pessoa com mobilidade reduzida (caracterizada, assim, como um dos tipos de deficiência física).
- *Tipo IV* – presença de deformidades moderadas na coluna, causando curvaturas nos ossos longos, especialmente nos ossos das pernas, consequentemente apresentando baixa estatura pelas sucessivas lesões.

Deficiência na produção de colágeno do tipo 1, o principal constituinte dos ossos, ou deficiência de proteínas que participam do seu processamento, são apontados como os principais elementos provocadores dessa condição médica. O resultado é o surgimento de quadros de osteoporoses precoces e com acentuada gravidade (Sillence, 1979).

A falta de colágeno afeta não só os ossos, mas também a região da pele e os vasos sanguíneos, causando alguns dos sintomas descritos a seguir (Sillence, 1979):

- diferentes graus de fragilidade óssea, com maior vulnerabilidade para acidentes e traumas, indo de grau leve a prejuízos severos;
- região do branco dos olhos (esclera) com aspecto azulado e rosto em formato triangular;
- dentes com aspecto escurecido e maior fragilidade (dentinogênese imperfeita);
- perda progressiva da capacidade auditiva;
- redução na estatura (baixa estatura) e gradativa dificuldade de locomoção;
- possíveis deformidades na coluna e na caixa torácica, que podem progressivamente acarretar complicações pulmonares e cardíacas.

Para a definição diagnóstica, no caso de recorrência das fraturas e traumas, fazem-se importantes a realização de exames clínicos, exames de raios X, ultrassonografia e densitometria do esqueleto. Exames complementares também serão necessários, especialmente os marcadores do metabolismo ósseo e do colágeno e a análise do DNA (Sillence, 1979).

Para essa condição médica não existe cura, porém, as diversas estratégias de intervenção podem oferecer melhor qualidade de vida para o paciente, especialmente quando acontecem estímulos precoces e continuados e abordagens particularizadas com equipe multidisciplinar.

6. Síndrome de Seckel

A síndrome de Seckel foi descrita primeiramente por Mann e Russel em 1959. Em 1960, Seckel estudou e relatou as principais características físicas apresentadas por essa nova entidade nosográfica, caracterizando-a assim com seu nome (Jones, 1998).

Essa síndrome é considerada uma patologia autossômica recessiva e uma das formas mais comuns de nanismo osteodisplásico microcefálico. As características mais marcantes são:

- deficiência acentuada no crescimento, com início pré-natal (nanismo);
- baixo peso ao nascimento a termo e contínua deficiência no crescimento pós-natal, com maturação óssea retardada;
- alterações craniofaciais mais comuns: microcefalia grave, com aparência tipo "cabeça e nariz de pássaro", região frontal retraída, nariz proeminente ("bico de tucano"), micrognatia, orelhas malformadas, com lóbulos ausentes e baixa implantação. Olhos relativamente grandes, com fendas palpebrais oblíquas, com direcionamento para baixo, e, em alguns casos, possível presença de estrabismo (Jones, 1998);
- peito de pombo e possível quadro de raquitismo;
- dificuldade na aquisição de fala ou, ainda, fala infantilizada;
- extremidades superiores com prega simiesca, clinodactilia do quinto quirodáctilo, ausência de algumas epífises

falangianas, hipoplasia proximal do rádio com luxação da cabeça radial;
- possível quadro de oscilação comportamental;
- com relação ao sistema nervoso central (SNC), apresentam quadro de deficiência intelectual, com metade dos casos com Q.I. inferior a 50;
- nas extremidades inferiores, tendência à luxação de quadril, hipoplasia fibular proximal, espaçamento entre o primeiro e segundo podactilos e incapacidade de extensão completa dos joelhos, comprometendo a deambulação em muitos casos;
- no tórax, presença de apenas 11 pares de costelas, e, nos indivíduos do sexo masculino, a genitália pode apresentar criptorquidia.

Há alguns relatos de que um adulto com essa condição médica tenha atingido a estatura de 104 cm.

Outras anormalidades ocasionais são:
- assimetria facial, convulsões, anodontia parcial, hipoplasia do esmalte dentário, cabelos esparsos, deformidade dos pés, pé plano, genitália externa hipoplásica, anemia hipoplásica, ruptura cromossômica e fenda palatina.
- deficiência intelectual de moderada a grave e atraso no desenvolvimento neuropsicomotor;
- cérebro com tamanho pequeno, em virtude da microcefalia, e com padrão primitivo e simples das circunvoluções. Tendência a serem indivíduos amistosos e agradáveis, apesar das oscilações comportamentais. Entretanto,

são hipercinéticos (agitação psicomotora) e altamente distraíveis.

Vale destacar que, devido à malformação articular, pessoas nessas condições podem ter luxações de quadril e cotovelo e, posteriormente, desenvolverem escoliose e cifose.

Segundo Jones (1998), há relatos de sobrevida de até 75 anos de idade, especialmente quando atendidos desde cedo, com abordagens de estimulação precoce e suportes multidisciplinares.

7. Síndrome de Gorlin-Goltz

Síndrome de Gorlin-Goltz, também conhecida como síndrome do carcinoma basocelular nevoide ou síndrome do nervo basocelular, consiste em uma rara patologia multissistêmica hereditária, caracterizada por uma predisposição às neoplasias e outras anomalias do neurodesenvolvimento.

Condição médica herdada de forma autossômica dominante, com penetrância completa e expressividade variável, sendo que entre 35% a 50% dos indivíduos são acometidos por novas mutações. Marcada pela presença de alterações no gene supressor tumoral, situado no cromossomo 9, o qual é responsável por ocasionar esse quadro particular (Gailani, 1992).

Estima-se que essa síndrome afete 1 a cada 60 mil nascidos vivos, sendo que cerca de 0,4% deles desenvolverão carcinoma de células basais.

O quadro clínico da síndrome de Gorlin-Goltz pode incluir (Gailani, 1992):

- existência de diversos carcinomas de células basais distribuídos na pele;
- presença de ceratocistos odontogênicos, que são observados em aproximadamente 75% dos pacientes com essa síndrome;
- possibilidades de calcificação intracraniana, que compromete outras funções importantes;
- alterações ou anormalidades esqueléticas, como costelas bífidas, cifoescoliose, calcificação precoce da foice cerebral e bossa frontal;
- marcantes características faciais peculiares, como prognatismo e hipertelorismo.

Para o correto diagnóstico, alguns critérios são utilizados, que, em geral, se dividem em critérios menores e critérios maiores. Para fechar o diagnóstico dessa síndrome, devem estar presentes um critério maior e dois critérios menores (Gailani, 1992).

Critérios maiores:
- presença de mais de 2 carcinomas de células basais em um indivíduo ainda jovem (em torno de 20 anos de idade);
- existência de ceratocistos odontogênicos;
- calcificação bilamelar da foice cerebral;
- anomalias das costelas;
- parente de primeiro grau com a síndrome de Gorlin-Goltz.

Critérios menores:

- alteração no tamanho e formato da cabeça, macrocefalia;
- depressão em cúpula nas regiões palmar e plantar, dentre outras anormalidades;
- presença de malformações congênitas, como fossa frontal, anomalias na região dos olhos, lábio leporino ou ainda fenda palatina;
- alterações ou anormalidades esqueléticas, como polidactilia, sindactilia, hipertelorismo;
- registro de anormalidades radiológicas, como hemivértebras, ponte da sela túrcica, dentre outras;
- fibromas mesentéricos, mamários, ovarianos e cardíacos.

O tratamento dessa síndrome é apenas de suporte, objetivando minimizar os sintomas e ampliar a qualidade de vida dos pacientes.

Alguns cuidados se fazem necessários, como evitar ao máximo o contato com a luz ultravioleta (UV), objetivando diminuir o risco de surgimento dos carcinomas epiteliais, dentre outras particularidades.

8. Síndrome Cri-du-Chat

Conhecida e popularizada como a síndrome do "miado do gato" (em virtude do choro se assemelhar ao miado do gato). É uma condição genética que resulta de uma alteração cromossômica (deleção do cromossomo 5), provocando características marcantes, como deficiência intelectual e significativo retardo no desenvolvimento físico, com apresentação da cabeça com tamanho pequeno para a idade (microcefalia), rosto em formato arredondado, baixo peso ao nascer e tonicidade muscular fraca (hipotonia) na infância, o que, por sua vez, compromete diversas etapas do desenvolvimento neuropsicomotor.

Os principais e mais significativos sinais e sintomas da síndrome Cri-du-Chat são provavelmente relacionados à perda de múltiplos genes no braço curto do cromossomo 5 (deleção), bem como ao tamanho e extensão da deleção.

As crianças diagnosticadas com essa síndrome apresentam algumas dificuldades, com destaque para problemas em controlar as necessidades fisiológicas, quadros de agitação psicomotora (hiperatividade), tendências à automutilação (se autobeliscarem, se morderem e balançarem de forma excessiva a cabeça). Algumas podem tornar-se excessivamente obsessivas por certos objetos e muitas têm admiração pelo cabelo e costumam em geral puxá-lo. Crianças e bebês com essa condição médica podem ter alterações do sono (sono agitado), porém, esse problema tende a melhorar com a idade (Amorim, 2011).

Os indivíduos afetados também têm formatos faciais peculiares, incluindo olhos bem separados (hipertelorismo), orelhas com implantação baixa, mandíbula pequena e face arredondada. Algumas crianças com a síndrome podem também ter, logo ao nascer, problemas cardíacos.

Alguns casos menos frequentes da síndrome de Cri-du-Chat podem apresentar algumas dificuldades que incluem presença de lábio leporino e consequente fenda palatina.

As mulheres em geral atingem a puberdade e menstruam no tempo normal, já os homens podem apresentar testículos pequenos, porém, a produção de gametas é considerada normal. Não há tratamento específico para essa síndrome (Tyagi et al., 2010).

Essa é uma condição médica considerada rara e tem esse nome porque os bebês afetados, às vezes, exibem choro agudo, muito parecido com o miado de um gato.

Muitos casos da síndrome de Cri-du-Chat não são herdados. A deleção de um pedaço do braço curto do cromossomo 5 é, na maioria das vezes, um evento episódico, que pode ocorrer ainda durante a formação das células reprodutivas (óvulos ou espermatozoides) ou nos estágios iniciais do desenvolvimento fetal. Em geral, as pessoas afetadas não têm histórico da desordem na família.

Os aspectos pré-natais caracterizam um lento crescimento intrauterino, com descrição de movimentos fetais considerados diminuídos e alterações neurofaciais associadas a malformações neuro-ósseas, como a holoprosencefalia com espinha bífida e meningomielocele, observados ao ultrassom (Prandi; Neves, 2001).

Cerca de 10% dos casos herdam a anormalidade cromossômica de um dos pais não afetados pela síndrome, e, nesses casos, o parente carrega um rearranjo chamado translocação balanceada, no qual o material genético é adquirido ou perdido.

As translocações balanceadas não causam ou representam qualquer problema de saúde, porém, podem se tornar não balanceadas quando são passadas para gerações posteriores.

Crianças que herdam uma translocação não balanceada podem apresentar um rearranjo cromossômico com material genético extra ou perdido. Indivíduos com Cri-du-Chat que herdaram a translocação não balanceada têm material genético perdido de um braço do cromossomo 5, o que resulta em deficiências intelectuais e problemas de saúde característicos dessa desordem genética.

Entre os principais sintomas da síndrome, descritos pelos estudos, podemos listar:

- choro agudo, parecido com os sons produzidos por um gato;
- olhos inclinados para baixo;
- baixo peso ao nascer e desenvolvimento lento;
- orelhas baixas ou anormais;
- deficiência intelectual;
- dedos das mãos e dos pés parcialmente fundidos;
- uma única linha na palma da mão;
- marcas na pele, apenas em frente da orelha;
- desenvolvimento lento ou incompleto de habilidades motoras;
- cabeça pequena (microcefalia);
- mandíbula pequena (micrognatia);
- olhos grandes e separados.

Para o diagnóstico da síndrome de Cri-du-Chat, o médico fará um exame físico que pode mostrar presença de hérnia inguinal, *diastasis recti* (separação dos músculos na área do abdômen), baixa tonicidade muscular, dobras epicânticas (uma dobra extra de pele sobre o canto interno do olho) e problemas com o dobramento das orelhas externas.

O diagnóstico definitivo deve ser feito através de exame de cariótipo ou biologia molecular. Atualmente, existe um teste genético durante a gestação que é realizado na nona semana de gestação, através de uma simples coleta de sangue periférico. Como não existe grupo de risco, ele é indicado para qualquer gestante. Testes genéticos podem mostrar uma parte perdida do cromossomo 5. Uma radiografia pode revelar problemas com o formato da base do crânio.

Tratamentos específicos não existem. O médico pode sugerir meios de tratamento ou controle dos sintomas. Os pais de uma criança afetada pela síndrome devem obter aconselhamento genético e fazer testes para detectar qual deles tem alteração no cromossomo 5.

As complicações dependem da severidade das deficiências intelectuais e dos problemas físicos. Os sintomas podem afetar a capacidade de autonomia e o autocuidado. Os casos com cardiopatia são possivelmente os mais delicados.

A síndrome de Cri-du-Chat afeta 1 criança a cada 50 mil nascidas vivas. A descoberta e descrição são recentes, o que dificulta uma completa definição, para os pais, sobre como agir com o desenvolvimento biopsicossocial da criança e como conduzir determinadas situações.

O importante é manter uma rotina de acompanhamento médico e de outros profissionais de saúde, o que pode incluir terapeutas ocupacionais, psicólogos, fisioterapeutas e fonoaudiólogos. Algumas crianças também podem desenvolver problemas cardíacos e respiratórios, portanto, merecem atenção especial.

A deficiência intelectual é comum. Metade das crianças com a síndrome aprende habilidades verbais suficientes para se comunicar. Com o passar do tempo, essa síndrome torna-se menos notável.

Apesar de todas as limitações devidas à deficiência intelectual e aos comportamentos decorrentes dessa síndrome, a educação inclusiva e a estimulação precoce possibilitarão melhor adaptabilidade social e maior aceitação da sociedade. O desenvolvimento da criança não está apenas relacionado à quantidade de material genético perdido, mas principalmente a estímulos cognitivos, motores e pedagógicos ofertados a cada paciente de forma particular (Muniz, 2002)

9. Sindactilia

A sindactilia é uma malformação embriológica rara que acomete os dedos. Ela consiste na fusão entre 2 ou mais dedos das mãos ou dos pés, podendo ocorrer tanto em partes moles (sindactilia cutânea – de fácil correção cirúrgica) quanto em partes duras, nos ossos (sinostose – de difícil correção), e que em muitos casos compromete o uso funcional da mão para a realização de pinças finas ou preensões (Zhou, 2014).

Não se sabe precisar ao certo quais são os fatores que aumentam os riscos ou quais são as causas exatas para a ocorrência da sindactilia. Elas podem ser de consequências diversas – desde uma anormalidade herdada de um dos pais até o resultado de uma alteração genética ocasional, ocorrida durante a fase embrionária.

Quanto aos tipos e manifestações, ela pode ser considerada simples incompleta, simples completa, completa e complicada (López, 2000).

Nesse sentido, é muito comum que a sindactilia também possa vir acompanhada de outras anomalias genéticas, como é o caso da síndrome de Down, e geralmente são de causas extremamente raras, como (Giugliano, 2014):

- *Síndrome de Apert* – caracterizada por uma anomalia craniofacial.
- *Síndrome de Carpenter* – em que há acrocefalia, anomalias craniofaciais, branquidactilia e sindactilia dos dedos.
- *Síndrome de Cornélia de Lange* – caracterizada por malformações congênitas e atrasos no desenvolvimento neuropsicomotor.
- *Síndrome de Pfeiffer* – caracterizada pela fusão prematura de certos ossos do crânio.
- *Síndrome Smith-Lemli-Opitz* – em que ocorrem múltiplas malformações congênitas, atraso mental e problemas de comportamento.

Um dos principais e mais conhecidos fatores de risco da sindactilia ainda é o uso de medicamentos à base de *hidantoína* durante a gestação, especialmente no primeiro trimestre gestacional, período considerado de maior vulnerabilidade para o bebê. O problema parece ser mais comum em pessoas do sexo masculino do que do sexo feminino, mas os médicos ainda não sabem dizer por que, nem se há alguma relação entre o sintoma e o sexo do indivíduo (Khiem, 1998).

Vale destacar que a hidantoína é um composto medicamentoso indicado para o tratamento de base das convulsões tônico-clônicas (grande mal epiléptico), parciais, simples e complexas (lóbulo temporal).

A melhor indicação para o tratamento de crianças com sindactilia é a realização de cirurgia corretiva para separar os dedos envolvidos, lembrando que pacientes com vários dedos afetados às vezes podem exigir mais de um procedimento cirúrgico (Takashi, 2015).

No caso das mãos, a correção cirúrgica deve ser realizada precocemente, pois a sindactilia pode causar prejuízos ao crescimento dos outros dedos, além de possíveis deformidades e perda de amplitude dos movimentos, bem como prejuízos na realização das preensões, o que pode comprometer a funcionalidade para a realização de atividades da vida diária.

A sindactilia dos dedos mínimo e polegar, em virtude do prejuízo funcional que pode acarretar, requer uma separação nos primeiros meses de vida. Os demais dedos, no entanto, podem esperar até o décimo segundo ao décimo oitavo mês de vida.

A sindactilia é um problema visível e que pode ser diagnosticado sem ajuda médica. Porém, a família deve estar atenta e procurar auxílio especializado o quanto antes para saber quais as principais medidas a tomar, que serviços de reabilitação buscar e como pode conduzir o manejo de algumas condutas no ambiente domiciliar.

Referências

ABCMED, 2015. *Síndrome de West: como ela é?* Disponível em: <https://www.abc.med.br/p/sinais.-sintomas-e-doencas/742922/sindrome+de+west+como+ela+e.htm>. Acesso em: 6.02.2017.

ABEL, E. L.; SOKOL, R. J. A Revised Conservative Estimate of the Incidence of FAS and its Economic Impact. *Alcoholism: Clinical and Experimental*, jun. 1991.

ABREU, M.; CHIES M. A., ABREU, G. Síndrome de Usher: novos conceitos. Arq. Inst. Penido Burnier, 1997.

ALBERS, J. W.; DONOFRIO, P. D.; McGONABLE, T. K. Sequential electrodiagnostic abnormalities in acute inflammatory demyelinating polyradiculoneuropathy. *Muscle Nerve*, jul.-aug. 1985, 8(6): 528-539.

ALVES, F. *Para entender a síndrome de Down*. Rio de Janeiro: Wak, 2007.

AMERICAN PSYCHIATRIC ASSOCIATION. *Manual Diagnóstico e Estatístico de Transtorno DSM-5*. Trad. Maria Inês Corrêa Nascimento et al. Revisão técnica: Aristides Volpato Cordioli et al. Porto Alegre: Artmed, 2014.

AMIR, R. E.; VAN DEN VEYVER, I. B.; WAN, M.; TRAN, C. Q.; FRANCKE, U.; ZOGHBI, H. Y. Rett syndrome is caused by mutations in X-linked MECP2, encoding methyl-CpGbinding protein 2. *Nat Genet*, 1999.

AMORIM, R. A importância da intervenção pedagógica na inclusão de uma criança com Síndrome de Cri-du-Chat. 2011. 76 f. Trabalho de Pós-graduação (Especialização em Fundamentos Curriculares da Educação Inclusiva) – Universidade do Estado de Santa Catarina, Florianópolis, 2011.

APA – American Psychiatric Association. *Referência rápida aos critérios diagnósticos do DSM-5*. Trad. Maria Inês Corrêa Nascimento. Porto Alegre: Artmed, 2014.

_____. *Diagnostic and Statistical Manual of Mental Disorders*. 4. ed. DSM-IV. Disponível em: <http://dsm.psychiatryonline.org/data/PDFS/dsm-iv>. Acesso em: 14 fev. 2017.

ASSUMPÇÃO, F. *A visão da psiquiatria infantil*. São Paulo: Memnon, 1990.

BERG, A. T.; BERKOVIC, S. F.; BRODIE, M. J.; BUCHHALTER, J.; CROSS, J. H.; VAN EMDE BOAS, W.; ENGEL, J.; FRENCH, J.; GLAUSER, T. A.; MATHERN, G. W.; MOSHÉ, S. L.; NORDLI, D.; PLOUIN, P.; SCHEFFER, I. E. Revised terminology and concepts for organization of seizures and epilepsies: report of the ILAE Commission on Classification and Terminology, 2005-2009. *Epilepsia*, abr. 2010, 51(4): 676-685.

BRAGA, Wilson Candido. *Autismo: azul e de todas as cores*: guia básico para pais e profissionais. São Paulo: Paulinas, 2018.

BRASIL. Ministério da Educação. *Deficiência múltipla*. Brasília, 2000.

_____. Ministério da Saúde. Secretaria de Atenção à Saúde. Departamento de Ações Programáticas Estratégicas. *Diretrizes de atenção à pessoa com Síndrome de Down*. Brasília: Ministério da Saúde, 2012.

_____. Ministério da Saúde. Secretaria de Vigilância em Saúde. Departamento de Vigilância das Doenças Transmissíveis. *Protocolo de vigilância e resposta à ocorrência de microcefalia*. Versão 1.3. Brasília: Ministério da Saúde, 2015.

_____. Ministério da Saúde. Secretaria de Vigilância em Saúde. Departamento de Vigilância das Doenças Transmissíveis. *Protocolo de vigilância e resposta à ocorrência de microcefalia e/ou alterações do sistema nervoso central (SNC)*. Brasília: Ministério da Saúde, 2015.

_____. Ministério da Saúde. Secretaria de Vigilância em Saúde. Departamento de Vigilância das Doenças Transmissíveis *Protocolo para implantação de unidades sentinelas para Zika vírus*. Disponível em: <http://portalsaude.saude.gov.br/images/pdf/2015/dezembro/14/Protocolo-Unidades-Sentinela-Zika-v--rus.pdf.>. Acesso em: 1 jan. 2017.

_____. Ministério da Saúde. Secretaria de Vigilância em Saúde. *Vírus Zika no Brasil: a resposta do SUS [recurso eletrônico]*. Brasília: Ministério da Saúde, 2017.

_____. Ministério da Saúde. Secretaria de Vigilância em Saúde. Departamento de Vigilância das Doenças Transmissíveis. *Protocolo de vigilância e resposta à ocorrência de microcefalia relacionada à infecção pelo vírus Zika*. 2015. 55p. Disponível em: <http://portalsaude.saude.gov.br>. Acesso em: 1 jan. 2018.

BYERS, P. H.; WALLIS, G. A., WILLING, M. C. Osteogenesis imperfecta: translation of mutation to phenotype. *J Med Genet*. jul. 1991; 28(7): 433-442.

CAKMAK, A.; ZEYREK, D., CEKIN, A.; KARAZEYBEK, H.; Dandy Walker syndrome together with occipital encephalocele. *Minerva Pediatr*, ago. 2008, 60(4): 465-468.

CANICK, J. A.; KNIGHT, G. J. Multiple-Marker Screening for Fetal Down Syndrome. *Contemporary OB/GYN*, abr. 1992.

CAROMANO, F. A. *Características do portador de distrofia muscular de Duchenne*: Revisão. Arq Cienc Saude Unipar, 1999.

CASSIDY, S.; DRISCOLL, D. *Prader-Willi Syndrome*. Euro J Human Genet, 2008.

CHAHROUR, M.; ZOGHBI, H. Y. The Story of Rett Syndrome: From Clinic to Neurobiology. *Neuron*. Nov. 2007, 8; 56(3): 422-437.

COLEMAN, M. Is classical Rett syndrome ever present in males? *Brain Dev*, 1990, 12(1): 31-32.

COMPSTON, A. Progressive lenticular degeneration: a familial nervous disease associated with cirrhosis of the liver. *Brain*, ago. 2009; 132(Pt 8): 1997-2001.

CUEVA-NÚÑEZ, J. E.; LOZANO-BUSTILLO, A.; IRIAS--ÁLVAREZ, M. S.; VÁSQUEZ-MONTES, R. F.; VARELA--GONZÁLEZ, D. M. Variante de Dandy Walker: reporte de un caso. *Revista Chilena de Pediatría*, 87, Issue 5, set.-out. 2016, 406-410.

DALGALARRONDO, Paulo. *Psicopatologia e semiologia dos transtornos mentais.* 2. ed. Porto Alegre: Artmed, 2008.

DE MEYER, W. Megalencephaly in children Clinical syndromes, genetic patterns, and differential diagnosis from other causes of megalocephaly. *Neurology,* jun. 1972, 22(6): 634-643.

DEAN, J. C. S. Management of Marfan syndrome. *Heart*, jul. 2002; 88(1): 97-103.

DODGE, P. R.; HOLMES, S. J.; SOTOS, J. F. Cerebral gigantism. *Dev. Med. Child Neurol*, abr. 1983, 25(2): 248-252.

DOURADO, M. E.; FÉLIX, R. H.; SILVA, W. K.; QUEIROZ, J. W.; JERONIMO, S. M. Clinical characteristics of Guillain--Barré syndrome in a tropical country: a Brazilian experience. *Acta Neurol Scand*, jan. 2012; 125(1): 47-53.

DULAC, O. et al. *Infantile spasms and West syndrome.* London: Saunders, 1994.

DUMAS, Jean E. *Psicopatologia da infância e da adolescência.* Trad. Fátima Murad. 3. ed. Porto Alegre: Artmed, 2011.

EDWARDS, R. H. T.; FAHAL, I.; THOMPSON, N. Distúrbios musculares. In: STOKES, M. C. (ed.). *Neurologia para fisioterapeutas.* São Paulo: Premier, 2000.

EWALD, O.; SCREMIN, F.; BUSCH, F. et al. Alterações oculares em paciente pediátrico portador de malformações de Dandy Walker: relato de caso. Arq. Bras. Oftalmol., 2006.

FISHMAN, G. A.; KUMAR, A.; JOSEPH, M. E.; TOROK, N.; ANDERSON, R. J. Usher's syndrome. Ophthalmic and neuro-otologic findings suggesting genetic heterogeneity. *Arch Ophthalmol*, set. 1983; 101(9): 1367-1374.

FITÓ, Anna Sans. *Por que é tão difícil aprender*: o que são e como lidar com os transtornos da aprendizagem. Trad. Maria Luisa Garcia Prada. São Paulo: Paulinas, 2012.

FURNESS, P. D.; CHENG, E. Y.; FRANCO, I. et al. The prune--belly syndrome: a new and simplified technique of abdominal wall reconstruction. *J Urol*, set. 1998, 160 (3 Pt 2): 1195-1197.

GAILANI, M. R.; BALE, S. J.; LEFFELL, D. J. Developmental defects in Gorlin syndrome related to a putative tumor suppressor gene on chromosome 9. *Cell*, abr. 1992, 3; 69(1): 111-117.

GATTINO, Gustavo Schulz. *Musicoterapia e autismo*: terapia e prática. São Paulo: Memnon, 2015.

GIUGLIANO, C. Malformaciones congénitas de la mano. In: ROSTIÓN, Carmen Gloria. *Cirugía pediátrica*. 2. ed. Providencia: Publicaciones Técnicas Mediterráneo, 2014. Cap. 53. pp. 412-418.

GORDON, P. H.; WILBOURN, A. J. Early electrodiagnostic findings in Guillain-Barré syndrome. *Arch Neurol*, jun. 2001, 58(6): 913-917.

GUEDES, A. D.; VERRESCHI, I. T. N. (2006). Síndrome de Turner: diagnóstico e tratamento. Sociedade Brasileira de Endocrinologia e Metabologia Sociedade Brasileira de Genética Clínica. Projeto Diretrizes, jun. 2006.

HAGBERG, B.; BERG, M.; STEFFENBURG, U. Three decades of sociomedical experiences from West Swedish Rett females 4-60 years of age. *Brain Dev*, dez. 2001; 23 Suppl 1: S28-31.

HANNA, G. L. Tic disorders. In: KAPLAN, H. I.; SADOCK, B. J. (eds.). *Comprehensive textbook of psychiatry VI*. 6th ed. Maryland: Williams and Wilkins, 1995.

HARRISON, T. R. *Medicina interna*. 10. ed. Rio de Janeiro: Guanabara Koogan, 1984.

HONORA, M.; FRIZANCO, M. L. *Esclarecendo as deficiências*: aspectos teóricos e práticos para contribuir com uma sociedade inclusiva. São Paulo: Ciranda Cultural, 2008.

HOUNIE, A. G.; MIGUEL-FILHO, E. C. *Tiques, cacoetes e síndrome de Tourette*: um manual para pacientes, seus familiares, educadores e profissionais de saúde. 2. ed. Porto Alegre: Artmed, 2012.

INSTITUTO BRASIL INCLUSÃO. Incluindo alunos com Síndrome de Down na escola. Disponível em: <http://inclusaobrasil.blogspot.com.br/2008/08/incluindo-alunos-com-sndrome-de-down-no.html>. Acesso em: 27/02/2017.

JIN, D. Systematic review of the clinical and genetic aspects of Prader-Willi syndrome. *Korean J Pediatr*, fev. 2011; 54(2): 55-63.

JONES, Kenneth Lyons. Padrões reconhecíveis de malformações congênitas. 5. ed. São Paulo: Manole 1998.

JOST, K. L.; ROTTACH, A.; MILDEN, M.; BERTULAT, B.; BECKER, A.; WOLF, P. et al. Generation and characterization of rat and mouse monoclonal antibodies specific for MeCP2 and their use in X-inactivation studies. *PLoS One*, 2011; 6(11): e26499. doi: 10.1371/journal.pone.0026499.

KALIL, N. A.; COELHO. J.; STRAUSS, E. *Fígado e vias biliares: clínica e cirurgia*. Rio de Janeiro: Revinter, 2001.

KHIEM, D.; VIRCHEL, W. et al. Treatment of Syndactyly. *Techniques in Hand & Upper Extremity Surgery*, set. 1998, v. 2, Issue 3, pp. 166-177.

KIESEIER, B. C.; HARTUNG, H. P. Therapeutic strategies in the Guillain-Barré syndrome. *Semin Neurol*, jun. 2003, 23(2): 159-168.

KOZIN, S. H.; ZLOTOLOW, D. A. Common Pediatric Congenital Conditions of the Hand. *Plast. Reconstr. Surg*, ago. 2015; 136(2): 241-257.

KRAMER, Heinrich; SPRENGER, James. *O martelo das feiticeiras*. Trad. Paulo Fróes. Rio de Janeiro: BestBolso, 2015.

LARANJEIRA, C.; CARDOSO, H.; BORGES, T. (2010). Síndrome de Turner. *Acta Pediátrica Portuguesa*, Sociedade Portuguesa de Pediatria, 2010: 41(1): 38-43.

LE PARC, J. M. Marfan syndrome. *Orphanet encyclopedia*, fev. 2005.

LECKMAN, J. F. Tourette's Syndrome. In: HOLLANDER, E. (ed.). *Obsessive-compulsive related disorders*. Washington: Try Press, 1993.

LEENERS, B.; SAUER, I.; SCHEFELS, J. et al. Prune-Belly syndrome: therapeutic options including in utero placement of a vesicoamniotic shunt. *J Clin Utrasound*, nov.-dez. 2000, 28(9): 500-507.

LENT, R. *Cem bilhões de neurônios*: conceitos fundamentais de neurociência. São Paulo: Atheneu, 2004.

LIMA, Cláudia Bandeira de (coord.). *Perturbações do neurodesenvolvimento*: manual de orientações diagnósticas e estratégias de intervenção. Lisboa: Lidel, 2015.

LLANILLO, L. H.; JARA, P. Doença de Wilson. In: FERREIRA, C. T.; CARVALHO, E.; SILVA, L. R. *Gastroenterologia e hepatologia em pediatria*: diagnóstico e tratamento. Rio de Janeiro: Medsi, 2003.

LÓPEZ, Gutiérrez J. C. Sindactilias complejas y complicadas. Revisión y avances terapéuticos, *Cirugía pediátrica*. Providencia: Publicaciones Técnicas Mediterráneo, 2000.

MACKAY, M. T.; WEISS, S. K.; ADAMS WEBER, T. et al. Practice parameter: medical treatment of infantile spasms. Report of the American Academy of Neurology and the Child Neurology Society. *Neurology*, 2004.

MAGALHÃES, R. C. S. *A erradicação do Aedes aegypti*: febre amarela, Fred Soper e saúde pública nas Américas (1918-1968). Rio de Janeiro: Fiocruz, 2016.

MAIA, Heber (org.). *Neurociências e desenvolvimento cognitivo*. 2. ed. Rio de Janeiro: Wak, 2011.

_____. *Neuroeducação: a relação entre saúde e educação*. Rio de Janeiro: Wak, 2011.

_____. *Neuroeducação e ações pedagógicas*. 2. ed. Rio de Janeiro: Wak, 2014.

_____. *Necessidades educacionais especiais*. 2. ed. Rio de Janeiro: Wak, 2016.

MC BRIDE, A.; GARGAN, M. Marfan syndrome. *Current Orthopedics*, 2006; 20: 418-423.

MILLER-WILSON, Kate. *Critérios para o autismo, no DSM-V*. Disponível em: <http://autism.lovetoknow.com/diagnosing-autism/criteria-autism-dsm-v>. Acesso em: 10/08/2018.

MOMO, Aline Rodrigues Bueno; SILVESTRE, Claudia; GRACIANI, Zodja. *Atividades sensoriais*: na clínica, na escola, em casa. São Paulo: Memnon, 2012.

_____. *O processamento sensorial como ferramenta para educadores*: facilitando o processo de aprendizagem. 3. ed. rev. e ampl. São Paulo: Artevidade/Memnon, 2011.

MUNIZ, J. W. C.; BASTOS, C. C.; AMARAL, R. O. *Intervenção fisioterapêutica na síndrome do Cri du chat*. Lato Sensu, Belém, v. 4, n. 6, 2002.

NEVES, W. S.; PRANDI, J. C.; PEREIRA, F. A.; FETTI-CONTE A. C. Aspectos Clínicos das Cromossopatias mais frequentes na espécie humana. *HB Científica*, vol. 8, n. 2. Maio-Ago., 2001.

OLIVEIRA, S. L.; OLIVEIRA, J. L. O poder da indústria farmacêutica em recompensar e ser referência. Disponível em: <http://www.ead.fea.usp.br/semead/paginas/artigos%20recebidos/marketing/MKT67>. Acesso em: 14/03/2017.

OLIVER, C.; MOSS, J.; COLLINS, L.; PETTY, J. *Behavioural challenges in children and adults with Cornelia de Lange syndrome*. Disponível em: <http://www.adlsusa.org/piblications/behavioral%20challenges%20in%20children%20and%20adults%20with%20Cdls_nov2006.pdf>. Acesso em: 20/06/2016.

OLIVIER, Lou. *Transtornos de comportamento e distúrbios de aprendizagem*. Rio de Janeiro: Wak, 2013.

_____. *Distúrbios de aprendizagem e de comportamento*. Rio de Janeiro: Wak, 2018.

OLLER-DAURELLA, L. Evolution et pronostic du syndrome de Lennox-Gastaut. In: LUGARESI, P.; PAZZAGLIA, P.; TASSINARI, C. A. (eds.). Síndrome de Lennox-Gastaut: aspectos clínico-eletrencefalográficos de su diagnóstico. *Arq. Neuro-Psiquiatr.* São Paulo, v. 30, n. 4, dez. 1972.

_____. *Evolution and Prognosis of Epilepsies.* Bologna: Aulo Gaggi, 1973.

_____.; DINI, J.; MARQUEZ, J. Las encefalopatias epileptógenas infantiles difusas no especificas, comprendido el síndrome de Lennox. *Bol. Soc. Catal. Pediat.*, 1968.

PERNAMBUCO. Secretaria Estadual de Saúde de Pernambuco. Secretaria Executiva de Vigilância em Saúde. *Protocolo clínico e epidemiológico para investigação de casos de microcefalia no estado de Pernambuco.* Versão n. 2. Pernambuco: Secretaria Estadual de Saúde, 2015.

PINTO, F. T.; ARAÚJO, C. B.; SOUSA, E. C.; CHIARI, B. M. *Alterações fonoaudiológicas presentes em um caso de Síndrome de Goldenhar,* 2008. Disponível em: <http://www.scielo.br/pdf/rsbf/v12n2/10.pdf>. Acesso em: 10/01/2018.

PRUETTI, K. D. Família. In: LEWIS, M. *Tratado de psiquiatria da infância e da adolescência.* Porto Alegre: Artes Médicas, 1995.

PUESCHEL, M. (org.). *Síndrome de Down*: guia para educadores. Campinas: Papirus, 1998.

RANKE, M. B.; HEIDEMANN, P.; KNUPFER, C.; ENDERS, H.; SCHMALTZ, A. A.; BIERICH, J. R. Noonan syndrome: growth and clinical manifestations in 144 cases. *Eur J Pediatr,* dez. 1988; 148(3): 220-227.

RAUCH, F.; GLORIEUX, F. H. Osteogenesis imperfecta. *Lancet,* abr. 2004, 24; 363(9418): 1377-1385.

RAVN, K.; NIELSEN, J. B.; SKJELDAL, O. H.; KERR, A.; HULTEN, M.; SCHWARTZ, M. Large genomic rearrangements in MECP2. *Hum Mutat,* mar. 2005; 25(3): 324.

RELVAS, Marta Pires (org.). *Que cérebro é esse que chegou à escola?* As bases neurocientíficas da aprendizagem. Rio de Janeiro: Wak, 2012.

RENZULLI, J. S.; REIS, S. M. The enrichment triad/Revolving door model: a schoolwide plan for the development of creative productivity. In: RENZULLI, J. S. (org.). *Systems and models for developing programs for the gifted and talented.* Mansfield Center: Creative Learning Press, 1986.

RETANA GAMBOA, V.; SEGURA AGÜERO, L. Sindrome de Noonan. *Med Leg* (Costa Rica), 2014; 31(1): 129-133.

RETT, A. Úber ein elgenartiges hirnatrophisches syndrom bei Hyperammonamie in Kindesalter. *Wein Med Wochenschr*, 1966.

REVISTA NOVA ESCOLA. Formas criativas para estimular a mente de alunos com deficiência. Disponível em: <http://revistaescola.abril.com.br/inclusao/educacao-especial/formas-criativas-estimular-mente-deficientes-intelectuais.shtml>. Acesso em: 16/03/2018.

_____. O que é deficiência intelectual. Disponível em: <http://revistaescola.abril.com.br/politicas-publicas/deficiencia-intelectual-inclusao.shtml>. Acesso em: 25/05/2018.

RODRIGUES, Janine Marta Coelho. *Pessoas com síndrome de Down*: uma reflexão para pais e professores. Rio de Janeiro: Wak, 2015.

RODRIGUES, Patrícia Maltez. *Funções executivas e aprendizagem*: o uso dos jogos no desenvolvimento das funções executivas. Salvador: Sanar, 2017.

ROMANO, J. G.; ROTTA, F. T.; POTTER, P.; ROSENFELD, V.; SANTIBANEZ, R.; ROCHA, B. et al. Relapses in the Guillain-Barré syndrome after treatment with intravenous immune globulin or plasma exchange. *Muscle Nerve*, out. 1998; 21(10): 1327-1330.

ROSSIER, V. F.; GUARÉ, R. de O.; HADDAD, A. S.; CIAMPONI, A. L. Mucopolissacaridose tipo III (síndrome de Sanfilippo). Revisão e relato de casos clínicos. *Rev Ibero-am Odontopediatr Odontol Bebê*, 2004.

SANTOS, G. A.; CAROMANO, F. A.; VAINZOF, M.; ZATZ, M. Caracterização da passagem da postura de bipedestação para a de sedestação no solo, em crianças portadoras de distrofia muscular de Duchenne. *Revista de Terapia Ocupacional da Universidade de São Paulo*, 13(1), 31-36.

SAUVAGNAT, F. *Considerações críticas acerca da classificação DSM e suas implicações na diagnóstica contemporânea*. Disponível em: <http://www.seer.ufsj.edu.br/index.php/analytica/article/viewFile/231/281>. Acesso em: 02/03/2017.

SCHWARTZMAN, F. *Avaliação nutricional, consumo e práticas alimentares, prevalência de constipação intestinal e anemia em pacientes com síndrome e Rett* [Tese de mestrado]. São Paulo: Departamento de Nutrição da Universidade Federal de São Paulo, 2000.

SCHWARTZMAN, J. *Síndrome de Down*. São Paulo: Memnon, 1999.

SCHWARTZMAN, José Salomão; ARAÚJO, Ceres Alves de. *Transtornos do Espectro do Autismo – TEA*. São Paulo: Memnon, 2011.

SEABRA, Alessandra Gotuzo et al. (org.). *Inteligência e funções executivas*: avanços e desafios para a avaliação neuropsicológica. São Paulo: Memnon, 2014.

SERRANO, Paula. *A integração sensorial no desenvolvimento e aprendizagem da criança*. Lisboa: Papa-letras, 2016.

_____; LUQUE, Cira de. *A criança e a motricidade fina*: desenvolvimento, problemas e estratégias. Lisboa: Papa-letras, 2015.

SIBEMBERG, N. Autismo e psicose infantil. In: JERUSALINSKY, A.; FENDRIK, S. (org.). *O livro negro da psicopatologia contemporânea*. São Paulo: Via Lettera, 2011. pp. 93-101.

SILLENCE, D. O.; SENN, A.; DANKS, D. M. Genetic heterogeneity in osteogenesis imperfecta. *J Med Genet*, abr. 1979; 16(2): 101-116.

SIMMONS, D. D.; AL-HASHIMI, I.; HAGHIGHAT, N. Effect of xerostomic medications on stimulated salivary flow rate in patients with Sjögren syndrome. *Quintessence Int*, mar. 2000; 31(3): 196-200.

SUGAYAMA, S. M.; KIM, C. A.; GONZALEZ, C. A. Síndrome de Williams. *Pediatria*, São Paulo, 1995; 17: 105-107.

TACHDJIAN, Mihran O. *Ortopedia pediátrica*. São Paulo: Mandi, 1995.

TAKASHI, O., et al. Treatment of Common Congenital Hand Conditions. *Plast. Reconstr*, abr. 2015, 21.

THURMAN, D. J.; BEGHI, E.; BEGLEY, C. E.; BERG, A. T.; BUCHHALTER, J. R.; DING, D.; HESDORFFER, D. C.; HAUSER, W. A.; KAZIS, L.; KOBAU, R.; KRONER, B.; LABINER, D.; LIOW, K.; LOGROSCINO, G.; MEDINA, M. T.; NEWTON, C. R.; PARKO, K.; PASCHAL, A.; PREUX, P. M.; SANDER, J. W.; SELASSIE, A.; THEODORE, W.; TOMSON, T.; WIEBE, S.; ILAE Commission on Epidemiology. Standards for epidemiologic studies and surveillance of epilepsy. *Epilepsia*, set. 2011, 52 Suppl 7: 2-26.

TREFFERT, D. A. The Savant syndrome: an extraordinary condition. A synopsis: past, present, future. *Philosophical Transactions of the Royal Society*, maio 2009; 364(1522): 1351-1357.

TYAGI, S. et al. Cri Du Chat Syndrome – A rare genetic disorder: an overview. *Journal of Chemical and Pharmaceutical Research*, v. 2, n. 2, 2010.

VUCIC, S.; KIERNAN, M. C.; CORNBLATH, D. R.; Guillain-Barré syndrome: an update. *J Clin Neurosci*, jun. 2009; 16(6): 733-741.

WORLD HEALTH ORGANIZATION. *WHO Director-General summarizes the outcome of the Emergency Committee regarding clusters of microcephaly and Guillain-Barré syndrome*. 2016. Disponível em: <www.who.int/mediacentre/news/statements/2016/emergency-committee-zika-microcephaly/en/>. Acesso em: 16/11/2017.

_____. *WHO ZIKV report situation on 27 october 2016*. Disponível em: <http://www.who.int/emergencies/zika-virus/situation-report/27-october-2016/en/>. Acesso em: 15/11/2017.

YACUBIAN, Elza Márcia Targas; KOCHEN, Silvia. *Crises epilépticas.* São Paulo: Leitura Médica, 2014.

YOUNG, R. Current research in the area of autism and Savant syndrome. *International Education Journal*, 2001.

ZHOU, J. et al. Classification and matation analysis of a Synpolydactyly kindred. *Experimental and therapeutic medicine*, nov. 2014; 8(5): 1569-1574.

Outros artigos

BRASIL. Ministério da Saúde. Secretaria de Vigilância em Saúde. Departamento de Vigilância das Doenças Transmissíveis. Protocolo de vigilância e resposta à ocorrência de microcefalia e/ou alterações do sistema nervoso central (SNC) / Ministério da Saúde, Secretaria de Vigilância em Saúde, Departamento de Vigilância das Doenças Transmissíveis. Brasília: Ministério da Saúde, 2015. Disponível em: <http://portalarquivos.saude.gov.br/images/pdf/2016/marco/24/Microcefalia-Protocolo-vigil--ncia-resposta-versao2.1.pdf>. Acesso em: 10/04/2018.

IBES – Instituto Brasileiro para Excelência em Saúde. *Confira a nova Classificação Internacional de Doenças (CID-11).* Disponível em: <http://www.ibes.med.br/confira-a-nova-classificacao-internacional-de-doencas-cid-11/>. Acesso em: 12/07/2018.

PRESIDÊNCIA da República. Casa Civil. Subchefia para Assuntos Jurídicos. *Lei n. 13.146 de 6 de julho de 2015. Institui a Lei Brasileira de Inclusão da Pessoa com Deficiência.* Disponível em: <http://www.punf.uff.br/inclusao/images/leis/lei_13146.pdf>. Acesso em: 25/06/2018.

SIGNIFICADOS. *Síndrome.* Disponível em: <https://www.significados.com.br/sindrome/>. Acesso em: 15/01/2018.

WHO. World Health Organization. *Microcefalia.* <http://www.who.int/mediacentre/factsheets/microcephaly/pt/>. Acesso em: 12/04/2018.

Rua Dona Inácia Uchoa, 62
04110-020 – São Paulo – SP (Brasil)
Tel.: (11) 2125-3500
paulinas.com.br – editora@paulinas.com.br
Telemarketing e SAC: 0800-7010081